**Rafa Millán**

# CÓMO SER SUFÍ
# Y MORIR
# EN EL INTENTO

Rafa Millán

# CÓMO SER SUFÍ Y MORIR EN EL INTENTO

Prólogo: Mardía Herrero

Siglantana

ISBN: 978-84-10179-88-2

Depósito legal: B 4130-2026

Impreso por Winihard Gràfics, S.L. - Moià (Barcelona)
en papel ecológico certificado por FSC®.

*A Maulana Sheij*

# ÍNDICE

# PRÓLOGO

Rafa tiene barba de filósofo y piel tersa y juvenil. Hace gala de una inteligencia chispeante y un humor a veces tan sutil que, después de dieciséis años juntos, aún me desconcierta.

De entre todos sus encantos, uno me ha resultado siempre decisivo: es una de las pocas personas que conozco a quien le importa más la verdad que tener razón. Intenta realmente ser sincero. Es profundamente honesto. Y aunque su mente se revela siempre analítica e inquisitiva, cuando el razonamiento llega a cierto límite, sabe abrirse al misterio sin violencia.

Evoluciona como un cometa: rápido, luminoso, difícil de fijar. Es un genio de la psicología y la escucha del otro; ama aprender. Ha vivido tantas vidas que pienso que estaría dispuesto a destruir toda biografía que no fuera capaz de dar cuenta del ahora.

Pues bien. Poco después de publicar la primera edición de *Cómo ser sufí y morir en el intento*, vivimos una crisis de identidad muy honda. Algunos miembros —pocos, pero influyentes— de la comunidad a la que pertenecíamos consideraron heterodoxos ciertos contenidos de nuestro canal de YouTube e iniciaron una caza de brujas contra nosotros. Sobre todo contra él.

Rafa ha vivido meses —incluso años— de profundo dolor. Ha necesitado un largo proceso de duelo y revisión de lo que había sido. El suelo se le abrió bajo los pies. Sin asideros, ha tenido que descender al sótano de sí mismo y recoger de los cimientos lo esencial para comenzar de nuevo: discernir responsabilidades, entender por qué a él, transformar un acto cruel en una oportunidad. Ensanchar la capacidad de acogida de su corazón. Se me ocurren pocas crisis tan sufíes.

El libro, tal y como estaba, se le volvió doloroso. Se reconocía en él y, al mismo tiempo, no. Se le hizo urgente incorporar una revisión que añadiera los últimos movimientos de su vida. Contar también con todo lo que había pasado.

El resultado es esta nueva edición. Al conocimiento hondo, el humor brillante, el amor vivo y la prosa ágil del texto original se les suma ahora un extenso epílogo, vulnerable y sincero, que completa el recorrido y se vuelve espejo para el lector.

Porque sí: para ser sufí, Rafa tuvo que morir incluso a la idea de serlo. Su corazón herido fue también un corazón abierto.

Bienvenido/a a esta joya.

*MARDÍA HERRERO*

# SUFÍES, LOS LOCOS DE DIOS

*De lo que no se puede hablar mejor es callar la boca.*
PRIMER WITTGENSTEIN

*Lo inefable (aquello que me parece misterioso y que no me atrevo a expresar) proporciona quizá el trasfondo sobre el cual adquiere significado lo que yo pudiera expresar.*
SEGUNDO WITTGENSTEIN

*¡Al-Laah!*
TERCER WITTGENSTEIN

*El tao del que se puede hablar no es el verdadero Tao.*
TAO TE KING

*Una rosa es una rosa es...*
MECANO

No puedo describir un sabor ni explicar un perfume. Ni decir qué es el sufismo ni quién es sufí. La ecuación de la palabra no resuelve la incógnita del alma. La letra mata al espíritu.

Así, aquí y ahora, cautivo y desarmado, me pregunto cómo escribir un libro de sufismo; de aquello que, por definición, no puede decirse.

Y me respondo: hablando de lo que no se puede hablar, riéndonos del primer Wittgenstein para aliarnos con el segundo, apuntando desde las palabras más allá de las palabras. Cabalgando la paradoja, dando un salto mortal. A lo sufí: con amor y con humor.

Y con temor, por mi osadía.

Empecemos.

## ¿QUÉ ES EL SUFISMO?

Échate a un lado que voy a invocar, aquí y ahora, al Sheij sufí y psiquiatra iraní Javad Nurbakhsh.

«¡Puff!»

Ya está. Puedes verlo, ¿verdad? Sentado en ese sillón que parece un mandala cósmico. Y no solo puedes verlo, sino también escucharlo, gracias a la magia roja de YouTube[1].

Te transcribo, tal cual, los primeros compases de una vieja entrevista. Léela a corazón abierto, a tumba abierta. Y, si quieres, *gugléala* (del verbo *guglear*) para poder sentir lo que realmente transmite el maestro. No te preocupes por mí, yo te espero aquí, detrás de él. En buena compañía.

> **Entrevistador: ¿Qué es el sufismo?**
>
> **Javad Nurbakhsh —cuajando una carcajada—: Cualquier cosa que se pueda poner en palabras no es sufismo.**

---

1. Por cierto, ¿te he pedido ya que te suscribas a mi propio canal de YouTube? Se llama *Psicología y Espiritualidad*. Espero que lo disfrutes.

Risas...

E: Una manera típica de comenzar...

Risas...

E: ¿Y qué hay de las cosas que rodean las palabras?

J. N.: Cualquier cosa que diga con palabras acerca del sufismo, sería denigrar el sufismo y no es sufismo.

Risas...

E: Esto crea una situación muy difícil. ¿Cómo puede entonces una persona normal comprender qué es el sufismo? Todos utilizamos palabras...

J. N.: El sufismo es nada. Para comprender el sufismo, has de convertirte en nada.

E: ¿Es esta la única manera de comprender el sufismo? Parece que la única manera de entender el sufismo es convertirse en sufi. ¿Es esto lo que está diciendo?

J. N.: Ser derviche («sufí») es algo a lo que llegar y no algo sobre lo que hablar o escuchar.

E: ¿Cuál es la mejor manera para que alguien sincero pueda comprender qué es convertirse en nada? ¿Cuál es el primer paso? ¿Cuál es el mejor primer paso que pueden dar?

J. N.: Convertirse en derviche. (Risas)

E: ¿Y cómo llegó usted a convertirse en sufí?

J. N.: Hay otro camino: primero te vuelves completamente

> loco y luego te conviertes en derviche. Ese el camino que yo elegí.

Genial, ¿verdad? Y despiadadamente sufí, sin concesiones a Wikipedia, dejando claro que el sufismo del que se puede hablar no es el verdadero Tao.

El sufismo no es y nunca podrá ser un contenido mental. Como todas las místicas (que en realidad son Una), está más allá del embrujo del pensamiento lógico.

Es más, la mística es la única salida del laberinto de la mente, la disolución final del hechizo, de esa creencia de que sabemos algo porque podemos nombrarlo (yo lo llamo «el efecto placebo de las palabras»).

Porque es imposible calcular a Dios. Ese es el sueño de la modernidad, que produce monstruos. O el coma profundo de la posmodernidad, que produce posmonstruos.

Que acojonan más.

## SUFISMO O LA FÁBRICA DE CEROS (A LA DERECHA)

Quiero una segunda opinión. La del chipriota Mawlana Sheij Nazim, sin duda (pero que sin ninguna duda),[2] la persona con más nivel espiritual que he conocido en mi vida.

Aprovecho para soltar la primera barbaridad del libro: pillar un vuelo *low-cost* para pasar unos días en Chipre es lo más parecido que hay a montarse en una máquina del tiempo para conocer a Buda, a Jesús, a Muhammad o al maestro Yoda en sus respectivas épocas y/o planetas. Una auténtica pasada.

.................................

2. Pero que sin ninguna en absoluto.

Yo viajé doce veces a Lefke, el pequeño pueblo turcochipriota donde vivía Sheij Nazim. Y sufrí un choque tan brutal que aún lo estoy digiriendo. Como tragarse un elefante de un bocado. Pero eso es otra historia y será contada en otro momento... Aunque, por suerte, en este mismo libro.

Te copio una de las «definiciones de sufismo» de Mawlana —reconstruyo de memoria:

> **Todas las academias y universidades tienen algo en común. Te matriculas para obtener un título y llegar a ser algo o alguien en la vida: abogado, médico, periodista..., Pero el sufismo es la única escuela cuyo objetivo es justo el contrario: llegar a ser absolutamente nadie, devenir nada.**
>
> **El sufismo es, por tanto, una fábrica de ceros. Entonces, y solo entonces, si uno llega a ser realmente nada, un cero total, es posible, que la unidad, el ser real, la divinidad, el uno-sin-segundo se pose al lado de esa nada que somos para que así, un cero y un uno juntos, formen un 10, una totalidad completa.**

También decía, siempre sonriendo, que:

> **El sufismo es una *mental house*, una casa de locos.**

Y, alguna vez, lo expresó de una manera que me encanta —aunque es difícil saber si la cita es suya o apócrifa, ya que yo nunca lo escuché directamente:

> **El sufismo vuelve locos a los cuerdos y cuerdos a los locos.**

17

Es decir, el sufismo te saca de ti mismo, te revoluciona, te pone cabeza abajo.

Y corazón arriba.

También podemos traer aquí un viejo refrán persa (que he escuchado al islamólogo Halil Bárcena) que, ante la pregunta de qué es un sufí, responde: un sufí es un sufí. Que, aunque nos deja exactamente igual, mola porque en farsi rima:

> **¿Sufí chist? Sufí, sufist.** («¿Qué es un sufí? Un sufí es un sufí»).

Y luego está el archifamoso aforismo que, si haces una búsqueda por Internet, te aparecerá hasta en la sopa derviche, atribuido a Abi Hafs AnNishapur:

> **El sufismo era una realidad sin nombre y ahora es un nombre sin realidad.**

Queriendo decir, posiblemente, que, en los primeros tiempos del islam, no se hablaba específicamente de sufismo (no con esa palabra), al igual que no se hablaba de lo que luego fueron las diferentes ramas de las ciencias islámicas: *fiq*, *kalam*, *hadiz*...

En su origen, todo estaba armónicamente integrado. A nadie se le ocurría despiezar la sabiduría para especializarse y hacerse el erudito —que es como hacerse el listo.

La mística y la espiritualidad estaban naturalmente entrelazadas en la vivencia de los primeros sufíes. El sufismo era como el agua que bebían, como el aire (*ruh*) que respiraban.

Fue el hecho mismo de bautizarlo, sustantivarlo y darle un nombre lo que aniquiló su realidad.

El exterior devoró el interior.

Y eructó el sufismo.

## DIOS NO EXISTE

Javad Nurbakhsh y Sheij Nazim, como tantos otros maestros sufíes —con Hermann Hesse— coinciden en una cosa: el sufismo es «solo para locos» (locos de Dios). Y el loco, como el arcano del tarot, como el Joker de la baraja, no tiene identidad propia, no es nada y por eso —como el aire, como el espíritu— puede serlo todo.

El sufí es, por lo tanto, uno que está a solas con el Uno. Uno que busca al Uno. Uno que es un cero —a la derecha.

Por usar una palabra que es «tendencia espiritual», podríamos expresar esto mismo diciendo que el sufismo es una mística radicalmente no-dual.

De hecho, la divinidad se define —¡a sí misma!— en el Corán como el Uno-sin-segundo, aquel junto al cual no hay nada, al que nada se le asemeja, el que no tiene compañeros, socios ni copartícipes de ningún tipo. El que ES, solo Él y nada más que Él. Uno (*Wahid*), Único (*Ahad*) y Absoluto (*Samad*).

Asociar algo a Dios, o sea, ser «dual» o «de-finir» (poner fines, límites) es realmente el único «pecado» que hay en el sufismo (*shirk*). Dios es indefinible por definición.

Lo que nos lleva de cabeza a la siguiente y alucinante conclusión:

¡Todos los ateos llevan razón! Ya que cualquier idea que puedas hacerte de Dios es completamente falsa. Cuando un ateo me «define» a Dios, siempre descubro que yo tampoco creo en el Dios que no cree —aunque, como veremos, no es una cuestión de «creencia».

O lo que es lo mismo:

¡Dios no existe! Claro que no. Ya que «existir» es *ex-sistere*, estar fuera del ser, sometido a los límites de la existencia, ser una cosa más entre las cosas, que es lo contrario de Dios.

Dios no existe, sino que ES la condición de posibilidad de toda existencia. El Absoluto. O, en árabe, *Samad*, que ha sido traducido de un montón de maneras alucinantes: como el independiente, pero del que todo depende, el incausado, pero del que todo es causa, el eterno, el sustentador que no se sustenta en nada, etc. ¡Qué complejo es el árabe!

Verás. No está Dios por un lado y el mundo (o tú) por el otro. Dios por aquí y yo por allá (¡que no por *Al-Laah*!). Esa sensación de existencia individual es pura ilusión. Como dicen los sufíes:

> **Si estoy yo, no está Él. Si está Él, no estoy yo.**

El camino sufí, como cualquier mística, recuerda al lema de la absurda película *Los Inmortales*: «solo puede quedar uno». O, mejor dicho, solo puede quedar el Uno. No cabemos los dos, por lo que alguien tiene que morir. Así que, si ves a Dios, ¡mátalo!

O haz como dijo el profeta Muhammad, solo hay que hacer una cosa y nada más que una: «morir antes de morir».

Así de fácil.

## LOCOS DE DIOS

Por eso la mística es tan parecida a la locura. En cierto sentido, tanto el místico como el loco están «muertos», carecen de un ego individual bien definido. Lo que siempre me trae a la mente la curiosa frase: «Las aguas en las que se ahoga el loco son las mismas en las que el místico nada con deleite». O esa otra atribuida a Salvador Dalí: «La única diferencia entre un loco y yo es que yo no estoy loco».

Por eso, los sufíes se resisten tanto a definirse, porque definir las cosas las deseca y las diseca, las mata por dentro. La verdadera espiritualidad no puede cortarse en rodajas ni meterse en un *pendrive*. Ni mucho menos envasarse, para su consumo, al vacío del lenguaje.

Parafraseando a Buda, el sufismo es eso que cuando lo piensas, te alejas mil millas, pero si no lo piensas ya estás ahí —y no puedes no estarlo ni, aunque quieras—. Porque el sufismo es aquello en lo que estás ya siempre metido. «Es el lío, el meollo, el temita, el rollete, de lo que va la cosa (y no puede dejar de ir, ni de venir)».

El sufismo es eso de lo que no se puede salir por mucho que te empeñes. Y, por lo tanto, es justo eso en lo que es completamente imposible entrar.

Está claro, ¿no?

## EL SUFISMO ES UNA ROSA ES...

> *Estamos más cerca de él (el ser humano)*
> *que su vena yugular.*
> CORÁN 50, 16.

No se puede definir... ¡Pero, se puede oler! ¿Lo sientes ahora como un perfume de rosas emanando del corazón, como la dulzura del almizcle justo en el epicentro de tu alma?

Por eso los sufíes se han llamado a sí mismos la gente del sabor (*Ahl al dawq*). Porque se trata, como decía Javad Nurbakhsh, de experimentar algo —lo más hondo, íntimo e interior posible—, no de leer algo que siempre es externo y adulterado por la mente o el bajo ego (*nafs*).

El sufismo es una vivencia y una forma de vida. No es algo abstracto, sino muy concreto. Por eso es un sabor y por eso es inexplicable. No importa cuánto lo intente, jamás podré transmitirte el sabor de un té con dátiles y mucho, mucho azúcar moreno. Pero si te invito a mi casa, ¡lo reconocerás al instante!

Para enmarañar un poco más las cosas, aún te puedo citar una frase tradicional sufí que reza que «un verdadero sufí es aquel que no dice que es un sufí» —¡como yo, que no lo soy ni de lejos! :p—. Así que apaga y vámonos.

Volvamos a Buda. Cuando le preguntaron qué es la iluminación, dio la siguiente respuesta: sostuvo una rosa en el más perfecto de los silencios, como queriendo decir, tal vez, que las palabras diluyen la experiencia —y la experiencia diluye las palabras, o sea, «una realidad sin nombre»—. Ese es el primero de sus «discursos».

Una rosa, como la de Buda o la de Silesius, es sin porqué, sin más, autoevidente por sí misma, y no necesita más explicación. Tampoco le hacen falta cuestionamientos filosóficos para exhalar su perfume, ni necesita «autoestima» para pincharte un dedo.

Sino que, como diría Mecano —con Gertrude Stein— y firmarían todos los sufíes: una rosa es una rosa es una rosa es…

Eso es sufismo.

## YO ERA UN TESORO ESCONDIDO

> *Yo era un Tesoro Escondido y quise ser conocido,*
> *por eso he creado el mundo.*
> *HADIZ QUDSI DEL PROFETA MUHAMMAD*

*Ni los cielos ni la tierra pueden contenerMe, pero el corazón de mi sirviente fiel Me contiene.*
HADIZ QUDSI DEL PROFETA MUHAMMAD

*El Corazón del hombre es el trono de Dios.*
HADIZ DEL PROFETA MUHAMMAD.

El sufismo es la máxima aspiración humana, el techo —sin techo— último y final. Su objetivo es el más ambicioso y radical imaginable, frente al cual todo lo demás es nada, como cualquier número entre infinito da cero.

La meta del sufí es diluirse, desaparecer por completo, vaciarse en *Al-Laah*. Y eso, por ser lo más pequeño, es lo más grande. No hay nada más allá —ni más acá—. Es el «ultreya» definitivo, la frontera final —con música de *Stur Trek*.

Este estado (*hal*) o, más bien, Estación Espiritual (*maqam*) se conoce como la *fanna-fil-Lah*, literalmente el anonadamiento o extinción en lo divino. Y recuerda un poco, al menos en la formulación de Sheij Nazim, al *Sunyata* budista, ya que el término *Sunyata* es (en una de sus acepciones) la cualidad del cero, literalmente, la «ceridad».

Fijaos que la Wikipedia, en un artículo escrito probablemente por Lao Tse en persona, define *Sunyata* como «otro nombre para lo que es, sin ningún tipo de nombre». Y comparte algunos elementos con el famoso Nirvana: es incualificable, incondicionado, inefable, etc.

Ahora, comparadlo con la definición de Dios del sufí español Abdel Wahid Martín, que decía que «*Al-Laah* es el vacío que todo lo llena». Y el derviche —continuaba AbdelWahid—, el practicante sufí, precisamente porque busca la *Fanna fil Laah*, es un «faná-tico» de lo divino. De tal manera que las *tariqas* (órdenes o cofradías sufíes) serían el club de fans de Dios —que nunca pasa de moda.

Junto a las citas (o hadices) del profeta Muhammad que puse al principio del capítulo, podemos citar (entre otras muchas) otro Hadiz Qudsi (dichos en los que la divinidad misma habla por boca de su Enviado) que van en la misma dirección:

> ...Cuando amo a Mi siervo, seré el oído con el que oiga, la vista con la que vea, la mano con la que agarre, el pie con el que camine. Si me pide, le daré, si Me pide refugio, le otorgaré Mi protección...

O en el Corán:

> Ciertamente eres de La Divinidad y a Ella habrás de regresar. Corán 2, 156

> Todo perece, salvo la faz de Dios[...] y a Él, retornaremos. Corán 28,88

¡Qué fuerte!, ¿no? ¿Puedes tan siquiera imaginar cómo es eso? ¿Hay algo más alto que regresar Dios, que volver a fundirse en el océano de la Unidad divina después de habernos creído, por un instante, una gota de agua separada de la totalidad sin límites?

¿Hay algo más que darnos cuenta de que la ola es el mar, de que el *atman* es el Brahma, de que el hijo es el Padre, de que tú eres Tú... De que no existimos como seres independientes, sino que existe Él... Solo Él... y nada más que Él...

O dicho en árabe: ¿Hay algo más alto, noble y sagrado que *La ilaha ilal-Laah*?

¡La ilaha ilal-Laah!

## A PESAR DE TODO...

> *No me abarcan los cielos ni la tierra, pero sí me abarca el*
> *corazón del ser humano que se abre a Mí.*
>
> OTRO HADIZ QUDSI

Escuchemos al más famoso sufí de todos los tiempos, Jalalud Din Rumi:

> *Ven, ven, quienquiera que seas, ven.*
> *Infiel, religioso o pagano, poco importa.*
> *Nuestra caravana es la caravana del amor*
> *Nuestra caravana es la caravana de la esperanza*
> *Ven, aunque hayas roto mil veces tus votos y tus promesas*
> *Ven, a pesar de todo,*
> *ven.*

Si decides acompañarme —¡y ojalá que sí!—, voy a tomarme la libertad de darte un consejo: no opongas resistencia, fluye, déjate caer. Más aún, lánzate conmigo de cabeza al abismo. No te arrepentirás.

El sufí es el derviche, el faquir, el pobre, el que no tiene posesiones ni en este mundo ni en el otro. Luego, ¿qué podrías perder, además de la cabeza —que es el peaje obligatorio—?

Si somos lo suficientemente auténticos, es posible, y solo posible, que con la ayuda de Dios y por su misericordia —y nunca por nuestros méritos— ocurra el milagro, se abra el «portal sin puerta» de la maravilla, y podamos acceder al Tesoro Oculto que QUIERE ser conocido.

La mano está tendida. Salta sin miedo. Para que podamos bebernos el océano de un solo trago, acariciar las estrellas con la mano, morir y renacer un millón de veces, bailar juntos la danza cósmica de los giróvagos, no importa que tú estés allí y yo esté aquí, que tú estés en el presente y yo en el pasado, porque el corazón del sufí puede abrazarlo todo en un único instante eterno, es el trono sagrado donde se asienta la divinidad.

Y disculpa que me tome tantas libertades y te hable de una forma tan directa. Pero esa es justo mi intención, quiero ser lo más directo posible, pegarme tanto a tu piel que te resulte obsceno, susurrarte directamente al oído, hacerte cosquillas en el alma. Porque de estas cosas solo se puede hablar en la más completa intimidad, con el lenguaje secreto de los enamorados.

¡Y yo quiero vivir enamorado! ¡Ser un cero, volverme loco, catar el vino que escancian en la taberna de los derviches!

Vente conmigo… Aunque hayas roto mil veces tus promesas…

¡Ven!

# ETIMOLOGÍA SALPIMENTADA DE GRANDES MISTERIOS

*No reírse de nada es de tontos,*
*reírse de todo es de estúpidos.*

GROUCHO MARX

¡Ay! ¡Me subo por las paredes! Cuando me encargaron este libro solo me hice una promesa —muy serio y con el ceño fruncido:

> ¡Nunca, jamás y en ningún caso escribiré el típico capítulo de todos los típicos libros de sufismo sobre etimología del sufismo —salpimentado con un poco de semántica del árabe!

A la que pronto añadí otra:

> El islam... ¡ni mentarlo, tú! Este será un libro de sufismo sin calorías, digo sin islam. Es decir, sufismo con islam 0,0 —que ni engorda ni emborracha.

Son tantos los prejuicios, falsas ideas y *fakes news* sobre islam que circulan por ahí, que tendría que armarme con un polvorín de artillería tierra-aire para empezar a pensar en derribarlos. Y, luego, tendría que calzarme un chaleco antinuclear —que ni existen ni van a existir— para protegerme de la que me caería de vuelta.

Una metáfora demasiado bélica y rebuscada, para mi gusto.

Sin embargo, la idea de incluir esta sección —de etimología salpimentada con un poco de semántica árabe— me taladraba obsesivamente como una almorrana. Es mi única y proctológica defensa. Así que, adopto la postura sufí y me rindo de antemano, me postro.

(Capitulo ante el capítulo —atento a las tildes.)

Al menos, intentaré obedecer a mi santa madre cuando me dio el siguiente y sabio consejo: «Si te subes por las paredes, aprovecha y pinta el techo». Así que, entremezclado con la etimología —y la semántica árabe—, allanaré el camino para explicarte la práctica principal de la «meditación sufí» y algunos de los «secretos» más flipantes que conozco, que, por extraño que parezca, están íntimamente imbricados en el idioma mismo.

Son misterios que tienen que ser gramaticalmente destilados. Misterios tan alucinantes, que apuesto, que no me creerás —ojalá pierda.

Eso sí, para que mis promesas no valgan cero —y no el cero derviche, sino el cero patatero de toda la vida— trataremos sobre el árabe, pero sin decir ni una palabra sobre islam. En esto quiero mantenerme firme.

Pues venga, vamos allá. Etimología del sufismo, salpimentado con un poco de semántica árabe —sin nada de nada, de nada, de islam.

Nos fastidiamos todos.

## ¡ISLAM!

El árabe es un idioma alucinante. Una lengua sagrada en toda regla. Como otros idiomas semíticos (por ejemplo, el hebreo) funciona, en general, con raíces trilíteras (de tres letras) que se combinan entre sí generando complejos universos de sentido, preñados de alusiones y sugerencias léxicas completamente intraducibles.

A mí me recuerda al ajedrez: las permutaciones de unas reglas relativamente simples producen una abundancia de matices que parecen no acabarse nunca. Unas palabras llaman a otras y se engarzan entre sí, multiplicando los sentidos, originando conceptos que son como visiones de arabescos o constelaciones de significado brillando en el cielo nocturno del desierto.

La cubeta hermenéutica es infinita. El árabe es el cuerno de la abundancia semántica y semiótica (y semítica).

Verás.

Cuando decimos, por ejemplo —y solo es un ejemplo—, la palabra ISLAM, cuya raíz consonántica trilítera es S-L-M, decimos también SALAM (paz, serenidad, paz divina), SALIM (salud, integridad, completitud, intacto, incólume) ASLAMA (aceptación, rendición), SALMA (integridad, seguridad, bienestar, completo) SULAM (escalera)... Y muchas otras que no me sé.

Y en su idioma original, todas ellas emiten un aroma como de plenitud y equilibrio. Tal vez la palabra adecuada sea ARMONÍA —más adelante, te lo demostraré.

Curiosamente, lo que no decimos —o decimos «poquito»— es ISTASLAMA (someterse), aunque esta palabra está también cerca del universo léxico del islam. Claro que esta «sumisión» a la voluntad divina, paradójicamente, nos libera de todo lo demás —no me someto a ideologías, naciones, políticas, ni siquiera a mi propio ego y sus absurdos ideales de poder y reconocimiento… ¡No hay mayor libertad que la máxima sumisión!

De tal manera que ISLAM, por seguir con el ejemplo —y es solo un ejemplo—, sería la entrega serena (y armónica) a Dios para alcanzar el bienestar más completo posible. O, lo que es lo mismo, subir la escalera de la aceptación hacia la integridad del ser humano. Todas estas alusiones —y más, muchas más— están arracimadas, consteladas, contenidas, reconcentradas en el término ISLAM.

La voz islam puede entenderse, además, según usos coránicos, como una convicción interna, como la estructura del alma, como devolver algo a Dios —que le pertenece— y como ponerse a salvo. Todo eso y más —siempre más— a la vez.

Las palabras árabes no son entidades independientes, sino manojos de insinuaciones múltiples, rizomas de conceptos entrecruzados, diamantes semánticos en los que cada faceta aporta un matiz al conjunto, una imbricada red deslocalizada —como la de la física cuántica— en la que unos significados se reflejan y señalan a los otros multiplicándose hasta el infinito como en un juego de espejos cósmicos —¡toma ya!

Dicho de otra manera, cada palabra es el *tutti frutti* de las palabras. Si lo piensas bien, es impresionante.

Por eso son tan habituales las elipsis. Todo está dicho sin necesidad de decir nada. Todo está eludido porque está aludido. Cada raíz «cifra» una enorme cantidad de significados sugeridos. El árabe es un idioma cifrado. Y no puede descifrarse sin las claves adecuadas —y la llave de la caja fuerte, que es el corazón del derviche.

Este es uno de los motivos por el que, si hojeas según qué traducciones del Corán, descubrirás asombrado que el astuto traductor se saca directamente de la manga la mayor parte del texto. Y con bastante manga ancha, puedes creerme.

Si comparas dos traducciones, hay una alta probabilidad de que no tengan nada que ver la una con la otra. Si tengo tiempo —y ganas—, te copio algunos ejemplos.[3]

Por esto, las traducciones coránicas se llaman *tafsir*, que significa «comentario», ya que el árabe en general, pero especialmente el Corán, no se puede volcar en otro idioma sin adulterarlo tanto que acabe pareciendo una caricatura. Los *tafsir* son, en el mejor de los casos, versiones menores, simulacros, sucedáneos del Corán.

O sea, que si en cualquier texto *traduttore, traditore*, en el Corán sería: «traduttore, inventore a tuttipleni».

A donde quiero llegar es a que, si estás leyendo el Corán en cualquier otro idioma que no sea el árabe, simplemente, no estás leyendo el Corán, sino un texto fuertemente contaminado con el imaginario, el inconsciente y los puntos ciegos intelectuales, emocionales y espirituales del traductor.

Siento ser yo quien te lo diga.

Y corres serio peligro de que te pase como a mí, la primera vez que me compré un «Corán» en Fnac —antes de introducirme un poquito en el islam y en su universo cultural— o como a S. Agustín con los evangelios —antes de su conversión al cristianismo.

Y lo que me pasó fue que, al acabar de leerlo, en una tortura autoimpuesta que parecía no tener fin —lo mismito

..........................................

3. Pero ha sido que no :D Aunque, si te interesa, te será fácil encontrarlos. Bueno, venga, lo trataremos más adelante en el epígrafe titulado: «¡La única religión verdadera!». Te copiaré varias de las más habituales traducciones de un versículo esencial  Vas a flipar con ello.

me pasó con la Ilíada—, llegué a la solemne conclusión de que todos los que se creen que eso es la palabra de Dios —¡casi un tercio de mundo!— deben estar equivocados en algún punto.

En este caso el *tontolaba* no era más que un servidor de ustedes.

Ya dice el propio Corán —que es la palabra viva por excelencia, una cuerda que une los cielos con la tierra— que el texto te devolverá, corregida y aumentada, la misma actitud con la que te acerques a él.

Al relacionarnos con el Corán, tenemos la osadía de mirarnos al espejo del absoluto, lo que, necesariamente, reflejará tu sombra. Tus propias carencias mentales y emocionales rebotarán en el libro como un boomerang para darte en toda la boca.

Dime qué es para ti el Corán, y te diré quién eres.

## ¡MÁS ISLAM!

Ya que me sacas el temita del islam, quiero aclarar un detalle importante.

Islam era un vocablo de uso corriente en la Arabia del Profeta. Lo que es una prueba más de que él nunca tuvo en su ánimo fundar una «religión», sino, y por increíble que parezca: ¡acabar con todas ellas! Por eso se usa el término islam y no otro. Como diciendo: no hay que seguir ninguna religión, solo hay que armonizarse con «lo verdadero, con lo real» —que es una buena traducción de *Al-Laah*.

¿Quieres una prueba? A ver si esta te vale: como todos sabemos, técnicamente hablando, las religiones se reconocen porque acaban en -ismo: cristianismo, budismo, hinduismo, judaísmo, taoísmo, marxismo, materialismo, cientificismo, etc.

Y son un -ismo que significa «centro» porque consisten precisamente en colocar algo en el centro, una primera categoría sobre la que empezar a construir todo lo demás. El concepto generatriz de un metarrelato que lo explique todo, ya sea Cristo, Buda, la Materia o la Ciencia.[4]

El islam es justamente lo contrario. El intento de dejar el centro completamente vacío, simbolizado por la vacuidad de la Kaaba en torno a la cual orbita, metafórica y literalmente, la vida del musulmán.

El profeta animaba a la gente, precisamente, a no creer en nada, y mucho menos en una «religión» por el mero hecho de que haya sido transmitida por sus ancestros. En su lugar, decía (con el lenguaje de su tiempo): armonízate. Solo eso. Haz islam. Sé musulmán. Acóplate a la realidad. Porque *La ilaha ilal-Laah*. («No hay más realidad que Lo Real»).

Por eso el islam es lo más revolucionario que hay, porque viene a subvertir completamente el orden consuetudinario y una especie de «capitalismo neoliberal» que imperaba en la Meca de su tiempo, ese gran centro comercial dominado por el becerro de oro del dinero y del poder. Y, por otra parte, es lo más tradicional que hay, porque es la trasmisión directa de una revelación que viene de los cielos y que se ha mantenido intacta (o casi), y que pone todo el acento en la unidad (o, si lo prefieres la no-dualidad) de la existencia.

O sea que el islam es, a la vez, y sin contradicción, lo más nuevo y lo más viejo, lo más revolucionario y lo más tradicional. Una unión de contrarios. En este sentido, el islam

---

4. En realidad, a mí el único «istmo» que me gusta es el de los Pirineos... y cada vez me gusta menos

no es una religión más que se puede elegir en el mercadillo espiritual, como el que se apunta a un club muy selecto...

Esto, aunque a algunos no les entre en la cabeza —y me da igual que se digan musulmanes o no—, es obvio, diáfano, notorio y evidente —como poco— para cualquiera que profundice sin prejuicios en la revelación y en la vida de Muhammad (sws). Si no captamos este punto estaremos más fuera de onda que don Corleone en una fiesta de pijamas golpeando una piñata de unicornio. Eso sí, con su bate de baseball, el muy salvaje.

Aprovecho para remarcar que la idea misma de «religión» es ajena al universo conceptual del islam. Y cuando decimos que el islam es una «religión», estamos ejerciendo una cierta violencia intelectual, queriendo encorsetar al otro en nuestras limitadas categorías, encajonarlo con calzador.

Así es. La palabra religión, como se entiende en la actualidad, no aparece ni en el Corán ni en los hadices, que hablan de *din*, que sería más bien «sistema», «forma de vida» o «cosmovisión» (y tiene su origen en «deuda», entre otros) y se dice que incluso los *kufara* (los que niegan la verdad a sabiendas y que se fatal-traduce por «infieles») tiene su *din*. Luego, no puede ser «religión», sino, más bien, según los filólogos: sistema u orden sistémico.

Hay, para demostrarlo, un increíble y súper erudito trabajo en castellano de Abdennur Prado, que te recomiendo a muerte, titulado: *Genealogía del Monoteísmo*. Y si eres más de los de *El Rincón del Vago* te será fácil encontrar algunas de sus tesis en Internet, en su blog o en su página de Facebook (que siempre está animada).

Para acabar, voy a copiarte tres párrafos de uno de los arabistas vivos más relevantes, Pedro Martínez Montávez. Y, con esto, se acabó lo del islam, te lo prometo.

Nos dice Pedro:

La raíz árabe SLM es obviamente la misma que la hebrea ŠLM de donde proviene *šalom* «paz, salud» o *šalem* «entero, completo». Muchos de los significados anteriores se hallan reunidos en la raíz indoeuropea *sol-* con el significado de «entero». Esta raíz indoeuropea da *holos* «entero» —que con el prefijo *kata-* da católico «universal»— y en latín da palabras como *salūs* «salud, salvación, conservación» —es decir, condición entera o sana—, *salvus* «entero, sano, seguro» y el verbo *saluto* «saludar» —equivalente al árabe *sallama* «saludar»—. [3]

[...]

Quizá debería buscarse una traducción a esta actitud de orientación subordinada que fuera más amable que «sumisión» con el objeto de reflejar las connotaciones que se esconden detrás de la raíz árabe. Si tomamos los significados primeros de la palabra *islām* como, por ejemplo, pacificación, curación o salvación —salvación entendida en un sentido no teológico, sino en el de establecer la seguridad—, partiendo de la propia experiencia, se puede concluir que para establecer la paz, la salud, la seguridad, la integridad, etc., en cualquier ámbito, debe erradicarse básicamente la violencia, entendida como un desorden, una inarmonía con la naturaleza o realidad de este ámbito.

La intuición que hay detrás de la expresión «el *islām* —es decir, la salvación, pacificación, curación, etc.— es la sumisión a Dios» es la misma que la que hay tras la

> expresión «el *islām* es la armonización con la realidad», si bien expresada con dos lenguajes diferentes según se ponga el acento en el aspecto personal o impersonal de la dimensión que unifica la existencia. La traducción de *islām* como «armonización» tiene probablemente unas connotaciones más próximas a los significados de la raíz árabe SLM, que no «ponerse debajo», si bien la traducción como «sumisión» es perfectamente correcta desde una perspectiva denotativa.

O sea, que la mejor traducción de islam no debería evocar esas terribles asociaciones que la palabra «sumisión» agita en nuestros imaginarios occidentales, sino que su lexicografía tiene más que ver con el catolicismo (entendido como vocación universal) y con esas palabras que gusta tanto a los *new Age*: armonía y holístico.

Tela marinera.

## LA LÁMPARA SEMÁNTICA DE ALADINO

A la vez, y complementando lo anterior, en árabe pasa una cosa que es absolutamente increíble. Muchas veces las palabras que suenan parecido significan parecido. Lo que transforma, inmediatamente, el idioma en un artefacto mágico, la lámpara de Aladino (*'Ala-ud-Din*) capaz de generar significados y sentidos a muchos más niveles que ninguna lengua latina.

Descartando, por el camino, la ingenua hipótesis de que el idioma es algo convencional que se originó cuando dos trogloditas malencarados decidieron llamar rosa a la rosa por consenso entre ellos, igual que pudieron haberla llamado pedo —y desde entonces tus flatulencias hubieran olido a rosa y el sufismo a pedo.

Además, el árabe tiene otra curiosa propiedad que solo soy capaz de expresar de la siguiente manera. Es una lengua que está muy cerca del alma. Especialmente, el árabe clásico. Por eso, cuando la estudias tienes una sensación como de desvelamiento, de estar recordando algo que ya sabías. Y que, además, sabías desde siempre.

Y es, sin ninguna duda, una de las mejores lenguas para hablar de amor y para hablar de Dios.

Su sonoridad es fuerte y dulce, susurra y grita a la vez, pero siempre habla al corazón. Aunque la literatura árabe se conozca poco —especialmente, por la imposibilidad absoluta de volcarla en otro idioma—, algunas de las mejores poesías jamás recitadas fueron concebidas en árabe.

El árabe clásico es el élfico de los idiomas reales.

Otra forma de decir lo mismo es que el sonido está muy cerca del sentido. Y esto pasa incluso con palabras abstractas. Si quieres saber cómo «suenan» el amor o la amistad, tendrás que aprender árabe, *habibi*.

Pero tendré la cortesía de compartir contigo cuál es el sonido de la verdad verdadera, la realidad real e indubitable, algo que es completa y absolutamente cierto. Ahí va: ¡*Haqq*! —pronunciado entre HAK y JAK—, tajante, como una cuchilla que corta el aire, una bola que entra en la tronera o una pieza que encaja en el puzle.

¡*Haqq*!

Hay quien deriva de aquí la palabra jaque, porque cuando estamos en jaque, aflora la verdad. ¡Qué fino es el árabe!

Si todo esto es así —que ya te digo yo que sí—, resulta que el mero hecho de saber árabe clásico te amuebla la cabeza y te convierte en mejor teólogo o filósofo que la mayoría de los que no estén iniciados en lenguas semíticas.

Una vez me dijo un tipo —más bien, «tiparraco»— que como los castellanoparlantes diferenciamos de manera natural entre ser y estar, cualquier paleto de barrio español será mejor metafísico que un anglosajón con tres títulos de doctor encerrado en la cárcel ontológica del verbo *to be*.

Puede que exagerara un poco, el muy «tiparraco», pero sí es cierto que el idioma estructura el pensamiento, que cuando se conoce una lengua sagrada, se entiende mucho mejor la unidad y la no-dualidad. Tienes una manera más fluida, cómoda y natural para hablar de Dios y con Dios. Precisamente por eso es una lengua sagrada, porque todo en ella apunta a la Unidad.

El árabe ordena la cabeza (y el corazón) por sí mismo y te da una especie de cercanía (*qurba*) con lo divino, como hablarle a Dios al oído. Solo por eso debería ser asignatura obligatoria en todo el mundo —mucho antes que otras lenguas.

Pero es algo que nunca pasará, porque acarrearía terribles consecuencias: se conocería, se respetaría e incluso se amaría el islam original.

Y eso, tal vez, nos llevaría a una paz mundial estable y duradera en lugar de a la guerra global que se nos echa encima —y de la que todos los que hablan del islam desde la ignorancia, el prejuicio o la mala fe serán cómplices, dentro o fuera del mundo musulmán.

Es decir, si se estudiara el árabe, existiría la remota posibilidad de que vayamos a la paz en vez de ir a la guerra.

Ya ves que no interesa a nadie.

## EL NOMBRE DE LO QUE NO TIENE NOMBRE

Además de una lengua que configura el alma, el árabe nos brinda el mayor regalo imaginable. Tan valioso y metafísico que parece sacado de una película de Indiana Jones. Aunque la realidad, como siempre, supera a la ficción.

Y, ¿qué es?

Pues lo que han estado buscando todos los hombres de todos los tiempos, excepto los hijos de la modernidad que, en su *hibris* intelectual, han olvidado, lo esencial —lo más esencial—. Y, por eso, necesitan recordarlo (literalmente, volver a traerlo al corazón).

Y es lo siguiente:

¡Sabemos exactamente cómo nombrar lo innombrable! Es decir, conocemos el «nombre propio» de Dios. Nada menos que la manera en que la divinidad se llama a sí misma en el Corán: Guau.

Y, como no podía ser de otra manera, es una forma universal, fonéticamente hermana a la de Jesucristo. Ya que, en el arameo siríaco de la época, casi con toda certeza, Jesús decía «Al-Laah» para referirse a Dios. Que es también muy cercano al hebreo (*Elohim*).

Una vez escuché a un arabista decir que, en su opinión, al pueblo judío le había caído una de las peores maldiciones teológicamente imaginables: haber traspapelado el nombre de Dios, que está escondido en el famoso tetragrámaton YHVH pero al que, al faltarle las vocales, no es muy seguro si se llama *Yaveh*, *Jeovah* o de otra manera.

Si esto es así, es decir, si esa es la peor maldición imaginable —que yo qué sé—, entonces, conocer el nombre supremo es teológicamente hablando, la mayor bendición imaginable.

Y esa forma es:

**¡Al-Laah!**

Que, por cierto, no suena ni remotamente parecido a «Alá» en castellano. Aunque aún conservemos «ala, olé y ojalá» entre otros derivados de *Al-Laah*.

Para empezar, la primera A de *Al-Laah* es corta, cortísima, como un golpe en la mesa —y a veces suena parecida a E como en *Elohim*—. La segunda es larga y mucho más cerrada, más bien entre A y O; en la mayoría de los casos.

**¡Al-Laah!**

Además, la ele (es decir, la «Lam») es doble —primero viene «Al» y cuando ya se ha pronunciado, entonces, y solo entonces «Laah»—, por eso pongo un guion entre ambas. Y, *last but not least*, Al-Lah acaba con un sonido que no tenemos en castellano, una especie de hache aspirada, como el aliento o Ruh divino que originó toda la creación...

**¡Al-Laah!**

Ya hemos dicho que, en árabe, el sonido llama al sentido, la fonética le hace el amor a la semántica y las palabras invocan a las cosas. A esto suma, si eres como yo, un «cabezón» occidental, el efecto «campo mórfico» de la palabra.

Pregúntate cuántos cientos y cientos de millones de personas todos y cada uno de los días de su vida repiten incesantemente el nombre de *Al-Laah,* llamando a Dios. Y qué tipo de carga emocional y espiritual le da eso al sonido *Al-Laah.*

**¡Al-Laah!**

Te hablaba del campo de forma de Rupert Sheldrake, porque ahí tienes una manera científica (incluso con un paradigma válido de investigación) de entender cómo funciona un mantra, multiplicando su potencia por resonancia mórfica.

### ¡Al-Laah!

Si esto es así —y lo es—, imagina por un momento la potencia brutal que debe tener el sagrado sonido *Al-Laah* en el imaginario, en el inconsciente colectivo, en la realidad celeste, en el mundo de los arquetipos, en el nivel de los *eidos* platónicos, en la dimensión espiritual, en la esfera mística, en los registros akásicos o como te dé la gana llamarlo.

A esto suma que una enorme cantidad de maestros espirituales, santos y seres realizados (visibles e invisibles) han utilizado el nombre de *Al-Laah* como mantra y se han iluminado con él, excavando un agujero en el sentido por el que ahora, nosotros, podemos colarnos.

*Al-Laah* es una de las herramientas privilegiadas de todo buscador sincero debería conocer y utilizar. Más adelante te enseñaré cómo, así que no dejes de leer el libro. Ya que, como no podía ser de otra manera, he dejado lo mejor para el final.

En cualquier caso, es alucinante que en España se reciten todo tipo de mantras de todas las tradiciones, y que este, el más sencillo, directo y cercano, apenas sea conocido. Y lo poco que se le conoce, se le conoce mal.

Porque *Al-Laah* es la llave de este mundo y del otro. Un tesoro espiritual que nunca se agota y que cabe en solo dos sílabas (la primera corta «*Al-*» y la segunda larga «*-Laah*»).

¿Se puede dar más por menos?

## SAL Y PIMIENTA ETIMOLÓGICA

Sufismo en árabe se dice *tasauf*, que, aunque en castellano suene a palabrota con piedras en la boca, en árabe es una palabra que mola bastante, irradia luz a la vez que misterio.

Y es que el sufismo (o *tasauf*) es milagroso y abundante, incluso en sus etimologías, porque todas las propuestas aciertan y añaden un hilo de sentido. Incluso las que son claramente falsas.

¡Magia!

La etimología más probable sería *suf*, «lana», un material muy accesible en la época y que, si no estaba muy trabajada era —además de súper ecológica— bastante áspera e incómoda de llevar. En la tradición sufí representa esencialmente la pobreza.

La palabra *derviche*, al igual que *faquir*, significa «pobre». Son términos que me gustan más que *sufí* ya que denotan cierta humildad y suelen emplearse como el que aspira a seguir el camino y no tanto como el que lo ha completado. La pobreza del derviche o del faquir es, sobre todo, una pobreza interior o espiritual —que es, paradójicamente, la mayor riqueza posible.

En esta línea, se ha definido tradicionalmente a los sufíes como aquellos que no poseen nada y, por lo tanto, nada les posee (por ejemplo, el Sheij Abu Bakr al Kalabadi del siglo X).

*Tasauf* (sufismo) también se ha puesto en relación con *sufiya* o «pureza». Con *Saff*, «fila», ya que, espiritualmente hablando, los sufíes son «los primeros de la fila». Y, aunque muy forzado creo yo, con el griego *Sofía*, «sabiduría».

Pero hay otra etimología que a mí me parece la más interesante. Y es *sofá* (que en castellano podríamos traducir como «sofá»).

Exacto, sofá, como el de tu salón, que, como una buena parte de nuestra cultura, es de importación árabe. Y no me dirás ahora que no mola infinitamente más tumbarse en un sofá que en un sillón (del latín *sella*: «asiento») o en un banco (del germánico *bank*). Y más, si te sientas a lo derviche, con una mantita y un jersey de lana. ¡Qué maravilla! ¡Así, yo también quiero ser sufí!

Los sufíes serían, pues, los que se sientan en el sofá. Por eso eran conocidos como *ahl asSoffa*, literalmente, «los del sofá». Y no había que decir más para identificarlos, ya que, aunque no sea muy conocido en occidente, se sentaban en el sofá más importante de todos los tiempos. Casi diría que «El Sofá» arquetípico, el Sofá por antonomasia.

¿Y cuál es ese sofá? Pues es exactamente el que estaba en una esquina —la noroeste, para ser precisos— de la finca de la casa del profeta Muhammad (La paz y la bendición divina sean con él) en la ciudad de *Medina* —literalmente «la ciudad» en la que estaba «el sofá».

Las gentes del sofá eran renunciantes, o sea, que lo habían dejado todo para quedarse a vivir como mendicantes en casa del Profeta. Para estar lo más cerca posible de aquel al que amaban.

Hoy en día, en estos tiempos de tiranía de lo cómodo, lo políticamente correcto y las ganas del momento, en que nos sentamos en el sofá para jugar a la PlayStation y no para entregar nuestra vida a Dios, cuesta mucho entender una devoción y una convicción tan fuerte.

De hecho, me gustaría apuntar que vivimos la absoluta tragedia de que tomarse algo demasiado en serio resulta como de mal gusto, poco *cool*. Y esa es una de las peores desgracias de nuestra era. Ya que, si no somos capaces de tomarnos algo más en serio que a nosotros mismos, no podremos madurar: nos coceremos, a fuego lento, en el jugo de nuestro propio narcisismo —de esto hablaremos más adelante.

Según fuentes tradicionales, se calcula que los del sofá eran entre 92 y 400 (aunque algún autor lo cifra en solo uno).

Pero, ¿por qué esta es una de las etimologías que más me gustan? Pues por algo que te parecerá sorprendente. Porque yo mismo, en pleno siglo XXI, he conocido, personalmente, a los del sofá y no he podido más que:

a. Enamorarme de ellos.
b. Plantearme muy en serio si dejarlo todo para sentarme en el sofá.
c. Las dos anteriores son correctas.

## VENTE AL SOFÁ

No intentes localizarlo en el mapa, porque es un país que no existe. Lleva el bello nombre de República Turca Independiente del Norte de Chipre —me pregunto cómo se les ocurrió—. Y tiene un pueblito que nadie conoce: Lefke, un lugar detenido en el tiempo porque es la puerta a la eternidad.

Lefke recuerda un poco la España de la posguerra: circulan coches oxidados más viejos que yo, carros tirados por burros —más viejos que yo— y tractores como diplodocus —más viejos que yo—. También hay naranjos, limoneros y olivos centenarios.

En cuanto a las cosas más jóvenes que yo, en Lefke puedes encontrar niños, adolescentes y treintañeros caminando, impunemente, por las calles.

Y flores. Muchísimas flores, de una infinita variedad de formas y colores, voluptuosas, impresionistas, sensuales...Y allí en medio, como si nada —pero como si todo—, la flor más bella, pura y radiante, el mayor maestro espiritual que he conocido jamás: Mawlana Sheij Nazim (Qué Dios guarde y santifique su Secreto).

Vive en la última casa del pueblo, en una frontera física y metafísica, entre el campo y la ciudad, entre la tierra y los cielos, entre este mundo y el otro.

Según te acercas a su casa, todo se hace más fértil, más claro y más profundo. Los frutales dan frutas más dulces, la vegetación es más exuberante y la vida más significativa.

Todo le anuncia, todo celebra la *baraka* del maestro, todo se transfigura en las proximidades de la fuente. La realidad entera se pliega sobre sí misma y se espiritualiza. Un signo claro para el que quiere ver.

Y la transfiguración ocurre tanto en lo interno como en lo externo, por dentro y por fuera, en tu alma y en el *anima mundi*.

Muy *heavy*.

La casa de Mawlana es la puerta de otra dimensión, el *stargate*, un espacio místico y sagrado que, como su corazón, permanecía siempre abierto.

¡Siempre abierto!

No importa en qué momento llegues, de día o de noche, en invierno o verano, nunca falta un plato de sopa derviche —caliente, con sabor del paraíso— y un lugar donde dormir —caliente, con sueños del paraíso—. Lo que atraía a personas de todas las partes del mundo, razas, colores y continentes.

¿Te imaginas a alguien capaz de eso? ¿Te imaginas a alguien que nunca eche el cerrojo, siempre dispuesto a atender al primero que llame a su puerta? ¿Quién necesita cerraduras cuando Dios ha puesto una legión de ángeles para proteger tu casa?

En casa de Mawlana siempre había un muestrario humano alucinante. Venían americanos del norte y del sur, indios, asiáticos, africanos, europeos... Todos allí, conviviendo, enamorados, con algunos de los hijos y nietos del maestro.

También acogía a personas que en occidente estarían diagnosticadas de psicosis o esquizofrenia, y a huérfanos o niños con síndrome de Down, que irradiaban una serenidad indescriptible, querubines brillando al lado del maestro.

Esta diversidad me recordaba a la cantina de *Star Wars*. En Lefke podías compartir un té con los más extraños seres llegados de cualquier rincón de la galaxia.

Pero nadie iba para hacer «turismo antropológico», sino más bien por la barra libre. En casa de Mawlana todo era gratis: el té y la oración, la comida y la sanación psicológica, el alojamiento y la iluminación espiritual...

El maestro no quería nada para sí mismo, sino que te lo daba todo. A veces incluso dinero. Lo mismo sacaba unos billetes arrugados de su bolsillo como un abuelito entrañable —que nadie tenía la osadía de gastar— que financiaba un edificio en tu país para hacer una *dergah* (monasterio sufí) o te entregaba un paquete con miles de dólares para que te compraras unas cabras y trabajaras de pastor. ¡Todo eso lo sé de buena tinta!

También he visto a Mawlana regalando un sobre cerrado que alguien le acababa de dar como donativo sin mirar cuánto contenía. Dentro podía haber diez liras turcas o medio millón de dólares. Para el maestro era exactamente lo mismo.

Este grupo sufí es la única «secta», bromeábamos, que en vez de pedirte pasta te la da. Así sí.

Pero los verdaderos regalos no venían envueltos en sobres, sino en metáforas. Cerca del maestro llovían cofres de joyas, monedas de oro y cetros de diamantes, carros de rubíes y piedras preciosas... ¡inagotables tesoros invisibles!

Mawlana era el rico y nosotros los pobres. Cualquier imaginación de que tú podías aportar algo al maestro se te quitaba en el primer viaje. Era él quien te lo entregaba todo, incluso a sí mismo. Esa era la primera lección de humildad que los estúpidos occidentales, tan pagados de sí mismos —empezando por mí—, aprendíamos allí.

Alucina pepinillos.

## LOS DERVICHES VERDADEROS

No sabía si escribir esto. Es tan flipante que muchos pensarán que me he vuelto loco. Pero es un hecho, un dato empírico, con el que me juego —una vez más— mi reputación —si es que me queda algo—: en Lefke, he visto sanaciones extraordinarias, tanto psicológicas como físicas. Y no una, sino varias veces.

Personas con intolerancia a la lactosa podían beber leche, los diabéticos consumían azúcar y las alergias desaparecían como por arte de magia, o, más bien, por arte de *baraka*. Te lo juro por lo que más quieras.

Ese es el dato. Ahora explícalo con la teoría que prefieras: sugestión, locura, malos diagnósticos, efecto placebo o curaciones del cielo. Pero el hecho es ese y es incontrovertible. Muchos de los que hemos estado allí damos fe. Demasiados como para ser un «dato inventado»: que no encaje en nuestra estrecha cosmovisión, no quiere decir que sea mentira. Esa sería la actitud menos científica de todas.

Junto a esos milagros «médicos» —también los había psicológicos— que, a mí, desde mi sesgo particular, me impresionaban aún más que los primeros. He visto gente que hubiera necesitado años de terapia, transformarse en unas pocas semanas, «solo» por la cercanía del maestro. Y, siempre, *In Sha 'AlLah* —«con el permiso de Dios».

Eran tantas las maravillas que ocurrían en la corte de los milagros, que nadie quería volver al *matrix*. Muchos decidían dejarlo todo para instalarse allí, cerca de la fuente, donde la vida es más real.

Estas personas, los hombres y mujeres que se quedaban a vivir en Lefke, a veces incluso en la misma casa del maestro, eran la colección de «ceros» de Mawlana, los que ya no vivían para sí mismos sino para la Unidad, sin ningún otro deseo que el encuentro con el maestro como guía y modelo para el encuentro con su Señor. *Alhamdulil-Laah* («Todas las Alabanzas son para Al-laah»).

¡Alhamdulil-Laah!

Lo que más me llamaba a mí la atención, y hablo como psicólogo, es que irradiaban una felicidad que no es de este mundo. Son la prueba empírica y viviente de que la única manera de tenerlo todo es no querer nada.

Lo más fácil era encontrarles en un enorme y viejísimo sofá de la planta baja de la casa, donde sencillamente esperaban a que bajara Mawlana para volver a ver el bendito rostro que amaban. Nada más.

Y nada menos.

Yo les llamaba «los derviches verdaderos». Y tanto.

Si tienes un fuerte anhelo espiritual, o, simplemente, si has llegado a un punto muerto en tu vida, hazme caso y tira para Lefke, pregunta por la última casa del pueblo, busca el «Sofá» y siéntate con ellos a esperar la llegada del maestro.

Es lo más importante que harás en tu vida.

O no.[5]

. . . . . . . . . . . . . . . . . . . . . . . . . .

5. Ahora he conocido otros sabores y otros maestros, incluso dentro del ámbito *naqshbandi*. Por ejemplo (aunque no solo), los seguidores de Idries Shah o de Omar Ali Shah que a pesar de tener una forma opuesta, creo que en lo esencial desprenden el mismo y esencial perfume. Por suerte, el Misterio desborda todas las tradiciones y nos rompe la cabeza de mil formas (*naqshbandis* o no).

# 12 HORAS EN EL PLANETA DAGOBÁH

¡Qué raro! Quería hablar de etimología, pero me he ido a Chipre casi sin querer. Y como siempre pasa, ya no quiero volver. Chipre tiene pegamento para mi alma. Así que, con tu permiso, aprovecho y te cuento —sin venir a cuento— mi primer viaje a la isla —y al islam.

Chipre es el centro espiritual de la cofradía (u orden) sufí Naqshbandi[6]. Fundada —o más bien refundada— en el siglo XII por Bahauddin Naqshband. *Naqsh* significa algo así como «huella o impresión». Porque los Naqshbandi son los impresores espirituales.

Por eso hay que tener mucho cuidado con ellos: si te acercas demasiado puede que graben el nombre de Dios en tu corazón.

Y ya nunca lo podrás borrar.

. . . . . . . . . . . . . . . . . . . . . . . . . . . .

6. Hay cientos de grupos *naqshbandi* diferentes como la de los hermanos Shah. Les he conocido después (y con ellos a otro maestro que, de momento, guardaré, por cortesía, en el secreto derviche). Si no, este libro a lo mejor hubiera sido distinto…

## EL CÓDIGO PIN DE DIOS

Se dice que cuando el discípulo está preparado, aparece el maestro. La clave es afinar la intención. Si de verdad lo deseas, por amor a Dios y no a tu *ego*, entonces ocurrirá, *in sha 'AlLah*.

También se dice que para acceder al maestro necesitas invitación. Pero es una invitación interior, o sea, que no te la descargas de Internet, sino directamente de los cielos.

En honor a la verdad, yo al principio creía que eso de la «invitación espiritual» era un clásico chiste sufí. Hoy sospecho que se trata de algo más.

He ido a Chipre unas doce veces —se conoce que me bajé un bono-bus de los cielos—. Y antes de cada viaje siempre he tenido pequeñas —o grandes— pruebas y casualidades significativas. Me estaban imprimiendo la invitación —desde la Nube, claro.

Y Chipre ha venido a mí una vez. En el 2018, ¡cuando el maestro se alojó unos días en mi casa en Madrid! Lo que más que un billete de avión, es el boleto del premio gordo de la lotería metafísica de Navidad.

¡Vaya potra!

Pero eso pasó once años después de mi primer contacto, en el que la principal prueba fui yo mismo: mi lamentable estado vital y espiritual. Acumulaba varias adicciones y una vida completamente estancada —aunque suene a guion barato de Antena3.

Lo único que me salvaba un poco es que nunca he dejado de estudiar ni de buscar espiritualmente. Y que he intentado —no sé si con éxito— ser auténtico.

En mi caso, descubrí la piedra filosofal justo cuando estaba a punto de tirar la toalla. Antes tuve que tocar fondo, acabar tan harto de mí mismo que ya no quería verme ni en Instagram.

Pero como dicen los sufíes: un corazón roto es un corazón abierto. Y el mío estaba realmente hecho polvo. Todo fuera de sitio. Necesitaba una palanca para mover mi mundo.

Esta es la historia de cómo encontré —y reconocí— esa palanca.

## SE ARMÓ EL BELÉN

Tuve la enorme suerte de ir con uno de los más antiguos discípulos de Mawlana en España, AbdelWahid Martín, cuyo nombre, sugerido por el propio Mawlana, significa «aquel que está al servicio de la Unidad Divina». ¡Qué belleza!

AbdelWahid es escultor y amigo del rey, discípulo de Mawlana desde hace más de treinta años, es también una de las personas más auténticas y sinceras que he conocido. Siempre dispuesta al servicio. Era, junto a Omar Ibrahim, el «emir» o encargado de la zona de La Vera[7] (en Extremadura) donde hay un grupo sufí grande y activo.

Por si algún día te lo encuentras, Omar Ibrahim parece un duende del bosque. A muy pocos he conocido tan entregados al Camino como él, en cuerpo y alma. Además, Omar Ibrahim es un gran contador de historias. Podía hacerte reír o volar, espiritualmente hablando, durante horas.

AbdelWahid y Omar Ibrahim casi siempre iban juntos y se complementaban muy bien, eran como don Quijote y

---

7. Por desgracia nada de esto existe ya. Y lo poco que queda es muy diferente a como yo lo viví entonces.

Sancho Panza, como R2d2 y C3po, aunque no sabría decirte muy bien cuál era cuál. Los papeles oscilaban continuamente, un día uno era don Quijote para serlo el otro al día siguiente.

Gracias a mi amistad con AbdelWahid, entré por la puerta grande. Mawlana le quería tanto que, por ósmosis, pude estar muy cerca del maestro. En ese primer viaje le acompañé a oficiar un enterramiento y cené a su lado varias veces, provocando la envidia de todo el mundo —que no voy a decirte que no mole.

AbdelWahid llevaba las barbas y el turbante típico naqshbandi. Y siempre iba enfundado en una larga *yubba*, o prenda tradicional parecida a la capa de un rey mago. Imagina el resultado de clonar a Melchor con un enano del *Señor de los Anillos* y te harás una idea cabal de cómo era. Un auténtico antisistema.

Sobre las pintas naqshbandis, hay una curiosa anécdota en un viaje posterior en el que fuimos un grupo grande con muchos tíos enturbantados y muchas mujeres veladas.

Era navidad y estábamos, por casualidad, cerca de una enorme maqueta de un Belén, cuando un niño pequeño se quedó mirándonos boquiabierto. Finalmente le dijo a la madre —pero todos pudimos escucharlo—: «Mira, mamá, los muñecos han salido del Belén», provocando la risa general.

Lo mejor es que, como todos los niños, decía la verdad. Lo más seguro, históricamente hablando, es que Jesús y sus discípulos vistieran totalmente a lo Naqshbandi. Si no me crees busca en Google imágenes de san José y de Sheijs Naqhbandis y juega a encontrar las diferencias...

Aún es más claro con la Virgen María, la paz sea con ella, que siempre aparece velada —como las mujeres de casi todas las tradiciones humanas: indias, japonesas tradicionales, las monjas cristianas, romanas, griegas, íberas, doña Rogelia y con ella todas nuestras abuelas, las bailarinas de muñeira o de jota o una chulapa de zarzuela...

El velo es un signo de devoción y tradición universal, no existe tal cosa como «el velo islámico», como si fuera de uso exclusivo de un cierto grupo. Si así fuera, tendríamos que decir que la virgen, las indias o mi abuela son «islámicas» por usar el velo con idéntico propósito y sentido que las musulmanas, ¿no?

No, ni existe el «velo islámico», ni existe —o no debería existir— una «religión» llamada islam diferente a las demás. Por eso mismo, la Virgen, mi abuela y muchas monjas son, en el fondo, completamente musulmanas, pues están armónicamente entregadas a Dios.

No otra cosa debería ser el islam. —Y si es otra cosa, sencillamente, no me interesa.

## ROBAR EL AZUFRE ROJO

Bueno, todo esto te lo he soltado para que te hagas una idea de cómo era estar con AbdelWahid en la T4 del aeropuerto Madrid-Barajas, esperando el avión con un tío que viste como Simbad el Marino, pero con las barbas de Papá Noel.

Yo, en este viaje, me veía más fuera que dentro. Y las ropas eran solo uno de los muchos motivos que me echaban para atrás. Es más, no ha habido una sola cosa del camino naqshbandi que no me haya rechinado hasta el punto de pensar muy convencido: «yo esto jamás lo haré, pero jamás de los jamases».

Ya sabe lo que dicen: Si quieres hacer reír a Dios, cuéntale tus planes.

Sin embargo, a la vez me sorprendía a mí mismo —y no me pegaba nada—, asistiendo una semana tras otra a las ceremonias sufíes. Había algo en la sinceridad de esa gente y en la dulzura de su práctica que me tenía como enamorado. Esa es la palabra exacta. Como cuando te gusta mucho una chica con la que no encajarás nunca. Pero algo tira de ti, no puedes evitarlo, aunque sabes perfectamente que vas de cabeza al abismo...

Así.

Otra de las cosas, junto con el turbante, que me espantaban era la devoción con la que todos hablaban del maestro. Sinceramente, como occidental moderno que solo se debe devoción a sí mismo, me parecía una verdadera locura. Pero, he de reconocer que, por eso mismo, a la vez me picaba un poco la curiosidad.

Eso sí, gracias a mis pasadas incursiones en diferentes universos espirituales, había desarrollado la sensibilidad suficiente como para darme cuenta de que la práctica que proponía ese extraño grupo funcionaba mejor que otras que había probado el pasado (budismo zen, chamanismo, meditación, etc.). Al menos para mí.

El *diker* (meditación sufí) me hacía entrar en un estado de profundidad psicológica y espiritual que me duraba durante días (le dedicaremos el último capítulo) sin que fuera capaz de explicarme por qué. Lo que yo quería, como psicólogo, era construir una herramienta profesional que imitara esa experiencia y me ayudara con los pacientes.

Después de todo, la materia prima de mi trabajo son los corazones humanos. Y el diker abría el mío de par en par. Casi diría que me sentía en la obligación clínica de comprender qué estaba pasando ahí y cómo podía aprovecharlo.

Lo que tenía claro es que el sufismo era operativo a muchos niveles, psicológicos y espirituales. No lo podía dejar pasar por mucho que, en el fondo, me asustara.

Soñaba con una especie de «sufismo laico», una experiencia de dulzura y amor como la que propone este grupo, pero despojada del ropaje religioso. De alguna manera, esa era mi intención en este primer viaje a Chipre: «robar» el azufre rojo.

No podía ni barruntar que la situación se volvería «en mi contra». Y sería Mawlana el que me robaría a mí. Tampoco que ese curioso ser, AbdelWahid, sería mi barbado conejo blanco, el que me llevaría a través de una madriguera tan profunda, de la que aún estoy buscando la salida...

Eso sí, para acceder al paraíso hay parada obligatoria en los infiernos. Entre aviones y transbordos —entonces no era tan fácil como ahora dar el salto a Chipre— pasamos casi 24 horas encerrados en ese mundo artificial del aeropuerto y sus tiendas pijas.

Daba igual estar en Praga, en Larnaka o en Madrid. La vida dentro de un aeropuerto es siempre igual a sí misma, una sucesión amorfa y homogénea de luces frías, anuncios deshumanizados y compras horteras. Y todo el mundo con vaqueros y flipando con el turbante.

En eso sí que nos hemos globalizado.

## COME, REZA, AMA... Y RÍE

Llámame lo que quieras, pero la realidad es que en cuanto puse un pie en la isla, lo sentí. Y lo sentí indudablemente. Había una presencia espiritual enorme, dulce y densa, clara y distinta, como una cartesiana carne de membrillo.

—Ya se nota la barakah de Mawlana —me dijo AbdelWahid con una sonrisa. Y lo más raro es que supe exactamente lo que quería decir. No será una sensación tan distinta de la que refieren los que visitan otras tierras sagradas como La India, Medina, Meca o Jerusalén.

En el aeropuerto de Larnaca —parte griega de la isla—, nos esperaba un «taxista» de la *dergah* (algo así como el *ashram* sufí de Mawlana). Cuando le vi —y era casi imposible no verlo— me quedé flipado con su tamaño. Era un gigante total, medía más de dos metros, con un peso acorde a su estatura. Vestía como AbdelWahid, al último grito de la moda del siglo XI.

Por sus dimensiones, era fácil imaginarle como el jefe final de un videojuego o como el campeón de lucha de un ejército otomano, pero resultó que no era ni turco ni guerrero. Pero sí, excampeón, en este caso, de ajedrez. Y austríaco.

El maestro le había puesto el nombre de Osman. Y él había colgado el tablero —junto a todas sus pertenencias— para meterse en el «taxi», que básicamente era un coche privado bastante cutre con el que llevaba derviches a la *dergah*.

Para que os hagáis una idea de su sueldo, a nosotros el viaje nos costó unos 50€ por turbante—creo recordar—. Y tuvo que comerse más de seis horas de trayecto (tres largas horas de ida y otras tres largas horas de vuelta) más la espera en el aeropuerto. ¡Flipa! Pero es que Osman, como los otros «taxistas», era un sufí de verdad. Cumplía perfectamente el viejo dicho español de que «todo lo que tenía de grande lo tenía de bueno».

Le vimos sentado en una de las salas de la terminal, rompiendo por completo la estética aeroportuaria; podría ser una aparición interdimensional o un viajero del tiempo con turbante, *yubba* y espesa barba. Lo más curioso de todo es que, a pesar de su tonelaje, estaba completamente espiritualizado. Lo único que hacía que lo sintiese real —lo que lo bajaba de los cielos sufíes a un aeropuerto internacional— era que se estaba acabando una bolsa grande de Doritos.

Cuando le saludamos «¡*AsSalamo alaykum*! ¡*Aleykum AsSalam*!», nos ofreció, feliz como un niño, los *snacks* que le quedaban y algunas otras viandas que había comprado por el camino.

Osman conocía a AbdelWahid desde hacía muchos años. Se saludaron con un cariño infinito, como dos viejos amigos. Más aún, como dos hermanos muy queridos que llevaran años sin verse. Porque eso era exactamente lo que eran. Pero yo aún no comprendía la hermandad espiritual.

Osman sonreía todo el tiempo y se movía parsimoniosamente con una gran conciencia del espacio, que tenía que ir ocupando como por partes. Nos ayudó con las maletas, y cuando subimos al coche, puso un CD de música sufí a todo trapo —del que más tarde me haría una copia y que estoy escuchando ahora, mientras escribo.

Se puso a conducir, pero a la contra, por el lado izquierdo, dando la sensación, para los «de derechas» como nosotros, de que estábamos a punto de estrellarnos todo el rato. Hasta en eso Chipre (antigua colonia británica) iba al revés.

Aprovechó el viaje para llevarnos a Hajja Sultana, el *maqam* de una santa sufí enterrada cerca de Larnaca. Es una especie de ermita bellísima, con jardines y un patio enorme lleno de gatos, cientos de gatos. Y cuando digo cientos, quiero decir miles.

Contemplar tal cantidad de felinos, pasando el rato tan ricamente, sin ningún motivo aparente para estar ahí, era impresionante. Sin duda, allí había algo más que piedras, algo que los gatos (y Osman) estaban percibiendo. La energía de ese lugar era intensísima.

AbdelWahid nos contó que cuando Mawlana era joven le encantaba pasar tiempo allí, «charlando» con Hayya Sultana.

También paramos a comprar más comida, por supuesto. Al menos un par de veces. Osman parecía no tener fondo. Comimos en el camino. Rezamos en el camino. Y, sobre todo, reímos en el camino. Reímos tanto que tuve *flashbacks* de un *tripi* que había tomado en mi adolescencia y que me dejó una semana de agujetas en la tripa.

De alguna manera, ese rato con Osman y AbdelWahid marcó el tono de todo el viaje. El lema de la tariqa naqshbandi muy bien podría ser «come, reza, ama… y ríe».

¿Para qué queremos más?

## TERRITORIO COMANCHE

Los griegos llaman a la parte norte de Chipre —seguramente con razón— «la zona ocupada». Y a los que, como nosotros, parecían sacados de un cuento de las mil y una noche, nos miraban con un cierto recelo.

Por eso, para pasar al otro lado, había que superar dos fronteras. La griega y la turca. La primera era fácil, la segunda era turca. Y en medio de las dos, se extendía una tierra de nadie: la «zona desmilitarizada», una cicatriz de guerra con fósiles oxidados de viejos coches y edificios fantasma, todos con la misma enfermedad: sarampión de agujeros de bala.

La frontera turca parecía el telón de acero: un montón de garitas uniformadas llenas de soldados uniformados. Pocas veces he visto tantos militares juntos como en esta «zona desmilitarizada».

Se daba esa precisa paradoja de que se tomaban tan en serio su papel que parecían de coña, caricaturas de soldados. Y todavía más, en contraste con la socarronería de Osman y AbdelWahid.

Estos militares eran, por cierto, en su mayor parte, pro-Ataturk, el dictador turco que quiso acabar con el islam en Turquía, por lo que nos sentíamos un poco incómodos.

La soldadesca se reía abiertamente de nosotros. Pero he de reconocer que eso era de pura justicia. Nosotros también nos reíamos, aunque cerradamente, de la soldadesca.

Tampoco nos gustaba mucho Ataturk, que para unos es el peor dictador de Turquía y para otros el padre de la patria. Yo no sé si es lo uno o lo otro, no me meto en política. Lo único que sé es que es el actor perfecto para el papel de Drácula. Si buscas su foto en *Google Images* no podrás más que darme la razón. Seguro.

Luego me enteré de que, durante su gobierno, Mawlana había estado varias veces en la cárcel. ¿Su delito? Subirse al minarete para cantar el *Azán* en árabe (la bellísima llamada a la oración). Y según se dice, cada vez que cumplía su pena, lo primero que hacía Mawlana era volver a subirse a un alminar para cantar de nuevo. ¡*Al-Laahu-ak-bar*!

Pasar a la zona turca tiene algo heroico, como entrar en territorio comanche, ya que es un país que solo reconoce Turquía. Allí todo es diferente. Se oían historias —aunque a mí nunca me pasó nada parecido— de viajeros que se habían quedado atrapados por perder el pasaporte. O que, si desaparecías, nadie te reclamaría para no provocar un conflicto internacional en esa herida de guerra aún sangrante entres los turcos y los griegos.

Y sí que es cierto que, en alguna ocasión, viví «redadas» en la *dergah*, en las que un grupito de militares con bastante mala leche bajaba a pasar revista a los pasaportes, en un ridículo acto de imposición de poder que seguramente no iba a ninguna parte.

La zona turca es como la España en blanco y negro de la década de 1950, con burros por las calles, cierta beatería y una vida más bien campestre. La zona griega, sin embargo, era como la España de la década de 1980 con anuncios raídos de Coca-Cola que me recordaban mis vacaciones de infancia en las playas de Mazarrón. Eran dos mundos pegados, pero segregados.

Aunque, mejor volvamos a lo simbólico y acabemos este capítulo con un símil más amable. La zona turco chipriota, no reconocida por la ONU, ese lugar sin ley, era como el planeta Dagobáh, que no aparecía en las cartas estelares, y en las que el maestro Yoda se refugiaba, olvidado del cosmos.

Y así era justo como me sentía por las oscuras calles de Chipre: yo me veía como el joven Luke Skywalker. Osman, el gigante austriaco, era Chewbacca; y AbdelWahid, la princesa Leia.

¡Qué poco nos quedaba para conocer los caminos de la Fuerza!

## EL MILAGRO DE LOS PANES Y LOS PECES

Cuando llegamos era noche cerrada. La *dergah* estaba abierta, como siempre. Entramos por la puerta de abajo, que daba a un pequeño patio.

La decoración era del tipo sobrecargadísima y dañina a la vista. Había motivos vegetales, geométricos e islámicos por todas partes, tanto por fuera como por dentro del edificio. Los ojos necesitaban un rato para acostumbrarse.

Lo mejor eran las caligrafías, que sugerían misterios cifrados, secretos del otro mundo. Pero allí, en ese particular estado de conciencia que inducía la *dergah* (o la proximidad del maestro), me hacía el efecto de que podía entenderlas perfectamente, como si estuvieran escritas en una lengua universal.

Antes de acceder a la casa propiamente dicha, AbdelWahid y Osman me llevaron al «comedor»: un barracón erigido en el amplio jardín hecho de madera medio carcomida con pupitres y mesas a juego, también de madera medio carcomida.

Allí encontramos una olla abollada, como la de la bruja del cuento, rebosante de sopa fría y restos de un pan correoso pero riquísimo, que hacían cada día en la propia *dergah*.

Ahora, cuando miraba a mis compañeros, en aquel «refectorio», les seguía viendo como personajes del *Señor de los Anillos*, pero esta vez como *hobbits*. De hecho, este debía ser ya el tercer o cuarto «desayuno *hobbit*» de la noche, desde que hace unas pocas horas aterrizáramos en el aeropuerto de Larnaca.

Nos dieron las tres de la mañana atacando la sopa. Me pareció la mejor comida que había probado en mi vida, ¿cómo un alimento tan humilde podía tener un sabor tan bueno?

La estancia en Lefke te rompe continuamente la cabeza. Parte de la enseñanza espiritual se da a través de la comida, porque las cosas no son tanto objetos materiales, como excipientes para una especie de programa espiritual (a lo *Matrix*).

¡Qué raro se me hace fijarlo en palabras! Pero no se me ocurre mejor forma de explicar lo que pasaba con la sopa de aquel lugar. Era un continente de *barakah*, que vehiculaba bendiciones con especias. Pura medicina celeste.

AbdelWahid lo comentaba con Osman mientras rebañaba el plato: la comida de Mawlana, me dijo, no era exactamente comida. O, más preciso: «No era comida de este mundo, sino que estaba hecha de luz». Esas fueron sus palabras. Nadie se dejaba literalmente ni una miga.

Esta espiritualidad culinaria que era asumida como si nada, a mí, en ese primer viaje, no dejaba de parecerme un poco absurda. Todo hay que decirlo.

Y aún más absurdo me parece decirte que en la *dergah* comprendí vivencialmente el milagro de los panes y los peces. Verás. En todos los viajes que he hecho siempre ha habido la comida justa para todos, ni más ni menos. Si llegaban sin avisar tres grupos de cuarenta personas o cincuenta volvían a sus países, daba igual. Siempre había la comida justa para todos.

Los milagros eran el pan —y los peces— nuestros de cada día. No es que Mawlana saliera volando o caminara por las aguas, pero era alucinante. Y no pasaba solo con la comida, sino también con el espacio que, por decirlo así, se expandía o se contraía cuando hacía falta, con total naturalidad.

Se notaba sobre todo en las filas de la oración. A veces había tanta gente que teníamos la sensación de que si un alfiler viniera a rezar con nosotros sería imposible que pasara por muy devoto que fuera.

Pero si en vez de un alfiler devoto venían cien personas más, ¡*no problem*!, cabíamos exactamente igual. No es que las paredes se separaran o se juntaran como en una peli de Indiana Jones, sino que era algo mucho más sutil, más cuántico...

El espacio mismo se desplegaba desde dentro.

AbdelWahid y yo lo comentamos muchas veces, si te fijabas bien, parecía que miraras a través de una lente convexa, como si aplicáramos un filtro de ojo de buey al continuo al espacio-tiempo.

Hay un viejo proverbio árabe que lo explica: «La casa de una persona es tan grande como su corazón».

La *dergah* de Mawlana Sheij Nazim era, sencillamente, infinita.

## LA INCREÍBLE FAGOCITACIÓN DE VASOS

Hay un libro —*Perlas Rosadas*, me parece— con un *sohbet* o charla inspirada de Sheij Nazim titulado «Por qué no me gustan las organizaciones sufíes». Llamativo título para un maestro sufí.

En este discurso, Mawlana compara una selva virgen, con toda su exuberante y salvaje belleza, con una replantación de pinos: un ejército de árboles perfectamente iguales y uniformados, sembrados con escuadra y cartabón, tan planificado que no queda espacio para la divinidad.

Si una «organización sufí» es verdadera, decía Mawlana, no será una «organización», sino que tendrá un orden implicado que funcionará «solo», como el bosque o la selva, sin que ningún *ego* tenga que meterse por medio a planificar las cosas. Será la divinidad quien se encargue de todo. Eso es tener fe, eso es tener confianza.

La *dergah* (toda la *tariqah*, de hecho) funcionaba exactamente así, se podía sentir la «mano divina» hasta en los más pequeños detalles. Nada se repetía y todo estaba en su sitio, nuevo y perfecto. Cada día era diferente al anterior, traía como decía Mawlana sus propios *tayalis* o manifestaciones espirituales.

AbdelWahid lo expresaba diciendo que «Dios no hace fotocopias». El universo entero se renovaba, continuamente.

La única constante, el punto fijo en torno al cual giraba todo, era la práctica espiritual: ayunos, devociones y oraciones. Lo demás seguía su propio curso. Nunca vi a Mawlana dando órdenes «logísticas» para organizar una casa por la que pasaban miles y miles de personas. No. Allí todo fluía. Y fluía muy bien.

Un ejemplo alucinante: en la cocina había un viejísimo samovar rebosante de té hirviendo que parecía estar siempre en las últimas. Nunca quedaban más que uno o dos vasos sucios que tenías que enjuagar para servirte.

Pues en este viaje, precisamente, se nos ocurrió hacer un servicio a la *dergah* y compramos treinta vasos en una tienda local.

Durante un rato, todo muy bien y muy coherente: había vasos de sobra. Pero a las pocas horas, empezó a pasar algo rarísimo. Cuando ibas a tomarte tu tececito pirata —siempre gratis—, ya no quedaba más que uno o dos vasos sucios que tenías que enjuagar para servirte.

¡Alucinante!

AbdelWahid me comentó con total naturalidad, que los vasos habían desaparecido porque a Mawlana le gusta tener lo justo. Ni más ni menos. La cocina había fagocitado las sobras. La *dergah* estaba viva y tenía un metabolismo que se mantenía siempre en perfecto equilibrio.

Tal vez algunos turcos se habían llevado algunos vasos o, tal vez, se habían roto. Ni faltaba ni sobraba nada. Dios no genera déficit ni superávit.

Además de estos aspectos organizativos, en la *dergah* había otro «programa», que era el importante y que también «funcionaba solo». Un programa de limpieza emocional y espiritual con lavado, secado y centrifugado para el alma.

Ir a Chipre implicaba vivir un proceso interior con todas sus fases y etapas más o menos diferenciadas. Pero no había «nadie» que lo hiciera. Simplemente, ocurría. Como pasaba con los vasos, operaba una especie de principio antientrópico, todo tendía a ordenarse solo, ya sea en la cocina o en tu alma. No había que hacer nada y nada quedaba sin hacer.

Alguna gente que se quejaba de lo difícil que era recibir la enseñanza directa del maestro.

Pero, en mi opinión, eran personas con una cierta cerrazón o con un cierto orgullo espiritual, que querían ser tratados de una manera especial, cuando de lo que se trataba era de ser «un cero», de rendirse, de someterse al programa divino. A un maestro espiritual no se le debe pedir nada… Y, mucho menos, trato preferencial. ¡Pero, sí, la cosa va de trascender el *ego*!

Es más, si Mawlana te recibía era por puro amor y misericordia de su parte, nunca por tus méritos. ¿Qué has hecho tú para merecer su presencia?

Aunque, a la vez, el maestro era el símbolo más poderoso del lugar. En la *dergah* no había separación entre lo exterior y lo interior. Fregar los platos era limpiar tu corazón, ayudar en el jardín era plantar semillas en tu alma, y pasar un rato con los hermanos era como hablar, en intimidad, contigo mismo.

Y ver a Mawlana era como…

## RONQUIDOS Y *BARAKAH*

Pero volvamos al barracón-*refectorium* donde Osman, AbdelWahid y yo estamos dando buena cuenta de esa de sopa de pura *barakah* (alimentando nuestro espíritu a la vez que nuestro estómago).

Al acabar, nos despedimos de Osman y nos descalzamos, dejando nuestros zapatos huérfanos y náufragos, en el mar de zapatos. Y entramos en la zona de la mezquita, que tiene varias estancias pequeñas conectadas con pasillos alfombrados.

Fue entonces cuando empecé a preguntarme que dónde diablos, con perdón, íbamos a dormir aquella noche. De acostarse en una cama, olvídate. De literas, ni hablemos, y de colchonetas, ríete tú. Todo el espacio estaba ocupado por bultos roncadores apenas visibles en la penumbra de la noche. Era imposible avanzar sin ir regateando cuerpos durmientes a lo Cristiano Ronaldo —en versión sufí—.

Había gente acostada en las salas, había gente acostada en los pasillos, había gente acostada en las sillas y en los bancos, ¡había gente acostada en el suelo del jardín! ¡en todas partes!

Sin embargo, AbdelWahid no parecía muy preocupado. Me llevó a la que era, literalmente, la gran montaña de maletas, donde soltamos las nuestras —huérfanas en el océano de maletas—, e hicimos como pudimos una pequeña oración.

Era la primera vez que rezaba en casa del maestro. Y hubo tal apertura en mi corazón, que solo por eso mereció la pena. Pero de la oración —y sus secretos— hablaremos en el siguiente capítulo.

Luego, AbdelWahid desenrolló su saco de dormir, dejó el turbante entre otros muchos —náufrago en el océano de turbantes— y se tumbó, así tal cual, en el santísimo suelo, abriéndose hueco a codazos.

Lo que sí estaba claro es que calentito iba a dormir el tío, y te prometo que antes de que yo pensara en mi próxima jugada, ya me pareció oírlo roncar. Y sus ronquidos sonaban: «AlLaaaahuakbarrrrr, AlLaaaaahuakbarrrr, AlLaaahuakbaaarrrr».

Yo estaba desolado, pero no me quedó más remedio que aceptar la realidad, rendirme —que siempre es muy sano— y someterme a la situación —que es aún más sano—. Así que me tumbé con mi saco bien pegadito a AbdelWahid, y un poco acojonado, cerré los ojos, mientras escuchaba la melodía de fondo: «Allaaahuakbarrrr»... Que más que melodía era una orquesta de titanes desafinados, un millón de tíos enormes como diplodocus roncaban por todas partes. Y de vez en cuando, como de propina, te caía un brazo en la cara o una patada en la espalda que es, ya te lo digo yo, una de las especialidades chipriotas.

Como soy un chico muy listo, pronto llegué a la conclusión de que, a pesar de encontrarme física y psíquicamente exhausto, no iba a dormir ni un minuto.

Enseguida entré en el típico bucle chungo en el que es la propia preocupación por dormir justo lo que te lo impide. Lo que va haciendo crecer tu inquietud como una bola de nieve. A lo que hay que sumar las lecciones de karate otomano y el concierto de ronquidos en do mayor.

Pero pequé de novato: no había nada, absolutamente nada, de qué preocuparse. Cómo iba yo a saber todavía que allí no hacía falta dormir. Que la batería a la que te conectaban era otra y que te cargaba las pilas mucho más que ocho horas de sueño.

¿Cómo lo iba a saber?

## EL RAYAR DEL ALBA

Me «despertó» el *Azán*, la llamada a la oración del alba, de una belleza tan honda y desgarradora que se me colaba muy dentro, tiñendo mi corazón de una finísima dulzura.

Cuando abrí los ojos, aún era de noche. El momento exacto de esta oración prescrita es justo cuando se puede distinguir un hilo blanco de uno negro. Aunque, en ese momento yo era incapaz de distinguir un hilo blanco de un turco otomano de dos metros.

Vi algunas siluetas de pie, mirando hacia la *qibla* (la pared central de la mezquita) o postrados, mientras los demás recogían sus sacos. Dormir y rezar, todo era uno. Nos desperezábamos entre legañas, salmodias y cantos sagrados. El ambiente se impregnó de una gran solemnidad con perfume de rosas.

Dice la tradición profética que la oración del alba queda atestiguada por los ángeles del día y los de la noche. Es el cambio de guardia, la transición entre dos mundos. Y justo eso es lo que parecía.

El *salat subh* o *fayer* (el del alba) de la orden naqshbandi es un auténtico fenómeno de la naturaleza, se hace todo lo obligatorio —que es muy poco: dos ciclos de oración, *rakaats*, en los que se puede tardar un minuto—, y todo lo voluntario —que es mucho y puede llegar a durar una hora.

¿Cómo podría explicártelo, sabiendo perfectamente que el que no lo ha catado, nunca entenderá el efecto del vino? Hacer el *fayer*, y hacerlo bien y hacerlo a su hora, te instala un mandala o una rosa en el corazón que puedes sentir físicamente.

Si alimentas ese fuego interior —con más *salat*, *diker*, meditación, etc.— te dará impulso para todo el día. La sensación me recuerda a la de las imágenes del Sagrado Corazón de Jesús. No sé si entiendes lo que quiero decir.

El *fayer* es el fundamento del día, su cimentación celeste. Si lo haces, y si Dios quiere, todo se pondrá a tu favor. Irán barriendo por delante de ti. Según sea la oración del alba, así será tu día.

Después del *salat*, se recita una *surah* del Corán. En el *fayer* se lee *surah YaSin*, que es la más larga de la jornada. Pongamos unos quince minutos extra. Y ahí, escuchando la recitación sagrada, antes del amanecer y después del *salat*, pasan muchas cosas. El Corán lleva contenido, por decirlo así, un código secreto que habla el lenguaje de las almas. No está en árabe, está en almés.

Si sabes acallar tu *ego* —y nada mejor que una noche de insomnio para ello— te darás cuenta de que el Corán no es un libro arcaico revelado hace siglos, sino un diálogo que tu corazón mantiene con la divinidad. El Corán te habla directamente a ti, aquí y ahora. La recitación es como un protocolo de conexión con el «Internet cósmico». El *bluetooth* de Dios.

Aunque no he podido evitar irme un poco de la lengua, en el sufismo se dice que lo mejor es no hablar demasiado de las experiencias interiores, sino protegerlas como una semilla, para que no se malogren con la luz. Ese es el *adab*, los buenos modales espirituales.

Sin embargo, a mí sí me parece, en este bendito momento del *salat*, que no está mal explicarte lo que todos los seres humanos han sabido siempre: aunque idealmente la práctica espiritual es solo para *Al-Laah* y no debe esperarse ningún beneficio mundano, ya te digo yo que los hay. Y a muchos niveles. Rezar, con fe y constancia —parezco mi abuela— da frutos de todo tipo. Si no, la gran mayoría desistiríamos. Es obvio, ¿verdad?

Esto es algo empírico, si te acercas a la oración o la meditación con la actitud correcta, *in sha 'Allah*, tu conciencia se abrirá como una flor. De una manera que el que no se ha acercado a ella no puede ni imaginar. Te lo digo porque yo mismo tampoco lo sospechaba. Por eso flipé tanto en mis primeros viajes a Chipre.

Después del *salat*, pasamos la mañana charlando tranquilamente, descansando del descanso, entre la dulzura del té y la amargura del *jetlag* —y otros tantos desayunos *hobbits*—. Pero no era un *jetlag* del cuerpo, sino del alma.

En Lefke, como en Shangri-La, todo es diferente, hasta la forma en la que habitas tu cuerpo, respiras o vas al baño.

Es como si se rasgaran algunos de los velos que normalmente te separan de lo real. Y hay que irse adaptando poco a poco. No esperes ir a un lugar tan cerca del Cielo sin pasar por un cierto período de descompresión espiritual.

Y antes de la siguiente oración, la del *duhur* o mediodía, fue cuando ocurrió.

¡Ocurrió!

## MAWLANA SHEIJ NAZIM (QAS)

Estábamos sentados en la gran alfombra de la estancia central de la *musalah* o zona de *salat*, casi en el mismo sitio donde hacía unas horas nos habíamos peleado —y perdido ampliamente— contra el sueño, cuando sentimos que algo pasaba.

Todo el mundo empezó a ponerse nervioso. Se levantaban de golpe llamándose unos a otros. Salían literalmente corriendo por una de las puertas que daba a un corredor lateral. Muchos de los presentes se pusieron a cantar *salawats*, canciones tradicionales de alabanza al profeta Muhammad, la paz y las bendiciones sean con él.

> ¡Oh Dios, bendice a nuestro señor Muhammad, el Profeta Puro, ¡a él y a su familia y compañeros y dales la Paz!

Nos pusimos de pie. Fue como si algo o alguien, infinitamente tierno, afinara mis sentidos y mi corazón. Dejé de percibir el cuerpo como algo pesado, más bien flotaba. Pero mi cabeza permanecía completamente lúcida, bailando al ritmo de los *salawats*.

Y entonces le vi.

Fue como en una de esas cutres películas de Hollywood en las que el tiempo se detiene entre violines cuando el protagonista localiza a su enamorada en medio de la multitud. Ahí estaba, en la distancia, el bendito rostro de Mawlana Sheij Nazim, más enfocado y más brillante que los demás. Él era todo figura; el resto, fondo.

Cuando digo que el tiempo se detuvo, no se trata de un recurso literario. Incluso ahora, más de una década después, aún me parece estar allí, como si todo lo que he vivido desde entonces no fuera más que un epílogo de ese momento único y trascendente. Si mi vida hubiera acabado entonces, todo habría tenido el más perfecto sentido.

Sé —y lo sé mejor que nadie— que esto parecen delirios de un mitómano en transferencia psicoanalítica, en concreto con el arquetipo del padre cósmico. Pero te prometo que estoy intentando hacer una estricta fenomenología de la experiencia para contarte, de la manera más objetiva y científica posible, una serie de vivencias internas que en realidad son inefables —y por eso mucho más reales que nada que pueda ser contado...

Lo cierto es que incluso ahora tengo la sensación de que no ha pasado el tiempo. Toda mi vida está como contenida en ese instante eterno. Es curioso como en este punto se parecen las experiencias cumbres y las traumáticas.

Así es. Ahora mismo, mientras escribo, siento que podría levantar la vista del monitor y volver a verle allí. Y volver a verme allí, agarrando fuertemente la mano de AbdelWahid, emocionado como un niño en el día de Reyes. Y no es para menos. Estaba a punto de conocer a un rey mago de verdad.

Por supuesto, a la vez que todo esto, como en los márgenes de la experiencia, estaba pasando otra cosa. Yo soy un hombre occidental de pleno derecho, descreído y suspicaz, maestro de la sospecha por excelencia. Y la situación era tan desconcertante que estuve a punto de activar mi «módulo de ironía», una protección defensiva para intentar, inútilmente, separarme de la majestad y la belleza abrumadora de ese momento, que me arrastraba al fondo, como una corriente marina y abisal, que me abría el corazón con una fuerza que no podía resistir...

Pues claro que un nivel tan alto de intensidad asusta. Y claro que el inconsciente se defiende. De hecho, en ese mismo instante, comprendí perfectamente todas esas historias que se cuentan —y estuve a punto de sumar una— de personas que no han sido capaces de soportarlo y que se les ha quemado el fusible al conocer a un ser como Mawlana. También se dice que algunos han caído postrados, de tal manera que han necesitado horas para levantarse.

Mawlana, sin embargo, estaba tranquilo, mirando al suelo mientras decenas y decenas de «discípulos» se peleaban y se abrían paso a empujones para intentar acercarse un poco más a esa fuente de luz, darle un tirón de la *yubba* o, si había mucha suerte, besarle la mano. O incluso arrancarle, así, a traición, un pelo de la barba —sin que él se quejara lo más mínimo, aparentemente ni lo notaba.

La imagen mental que me venía era como las abejas o las moscas zumbando en torno al panal de miel. O, un poco más siniestro, como la novela *El Perfume* cuando la multitud enfervorecida devora al protagonista de puro amor.

Pero él se desplazaba con total ingravidez, como si el mundo no existiera, como si no se agolpara una multitud de «locos de amor» en torno a él, como si no fuera el centro del cosmos, el pilar universal, la *qibla* de los corazones… como si no fuera absolutamente nadie.

Yo permanecí inmóvil, petrificado en mi lugar, incapaz de apartar la mirada de su luz. Fue él, el maestro mismo, el que se acercó a mí —probablemente por ser nuevo—, reconociéndome entre la multitud sin levantar la vista. Guiado por un «radar» que no procedía de los sentidos.

Y se detuvo. Delante de mí.

Levantó su cabeza, que hasta ese mismo instante había estado todo el tiempo dirigida al suelo, y me miró directamente.

Me miraba.

Me vinieron imágenes de cúpulas adornadas con figuras geométricas, caligrafías y mosaicos. Me temblaron las piernas.

Me miraba.

Y en esa mirada me lo dijo todo.

Nunca jamás en mi vida nadie me ha mirado así. Me estaba dando la bienvenida desde un lugar muy alto. Me conocía y me reconocía mejor que yo mismo. Tenía acceso a rincones de mi alma que yo ni siquiera sabía que existían. Me estaba explorando con un escáner interior. Un escáner de amor. Cardiognosia se llama en las tradiciones, y es una de las especialidades sufíes.

Mawlana veía y amaba todas y cada una de las fibras de mi ser. Me dio justo lo que necesitaba. Lo que todos necesitamos. Concentró en un segundo, mil años de terapia psicológica, me hizo sentirme amado y querido incondicionalmente, bello y seguro, comprendido y aceptado. Fue como si Dios mismo mi mirara y me licuara en amor y sabiduría.

Más tarde, AbdelWahid me dijo que ese fue el momento en el que recibí realmente el *bayah* o la conexión espiritual. No sé si sería eso lo que recibí, pero es obvio que recibí algo. Y la prueba de que fue algo real es que transformó mi vida por completo. Y eso no lo consigue ni un flipe momentáneo, ni la «sugestión», ni nada parecido.

Mawlana me hizo florecer, le dio la vuelta a mi tortilla: me transformó desde un estado irremediablemente lastimoso —con varias adicciones y sin trabajo ni vocación conocida— a uno luminoso en un instante.

No me importa reconocer que rompí a llorar como un niño y me abracé a AbdelWahid. Esa mirada instaló un programa en mi alma que aún se está ejecutando. Un *hal* o estado espiritual que todavía no se me ha bajado, un archivo comprimido que sigue desplegándose en lo más profundo de mi corazón y que, si hago el ejercicio de introspección correcto, puedo localizar perfectamente dentro de mí.

Un refugio al que siempre puede volver.

Míralo, ¡aquí está! Ojalá pudieras sentirlo también tú… ¿Puedes?

Es tan bello que te venga así, como un regalo, tan gratuitamente, con tanta misericordia… No por nada que hayas hecho o que merezcas. Tiene sentido que sea así. ¿Cómo vamos a enfrentarnos a nuestro *ego* desde «nosotros mismos»? Sería como intentar levantarme del suelo tirándome del pelo —o de las barbas— hacia arriba como el Barón Munchausen. No es posible.

Tiene que venir otro, más alto y grande que tú, para sacarte, un poco, de ti mismo.

Como siempre dice, Mardía Herrero, mi mujer: «Mi conversión fue un don de su mirada».

## CIENTIFICISTAS Y FUNDAMENTALISTAS

He tenido la increíble fortuna de hablar con Mawlana varias veces. Pero, tal vez, lo esencial ocurriera entonces. La transmisión sufí no es mental ni emocional. Va por otro lado.

La presencia física del maestro no es determinante. Mawlana, símbolo y arquetipo de nuestro maestro interior, está inserto en una tradición que es operativa por sí misma. Como él mismo nos ha explicado, el maestro solo «hace conexiones» que todos llevamos puestas.

Por eso Mawlana se contradice en ocasiones. Lo que, al principio, no voy a negarlo, me supuso un problema. Hasta que comprendí que no se trata de fundar un sistema filosófico, sino de abrir los corazones, cada uno con una cerradura específica y diferente. Lo que para mí es medicina puede ser veneno para ti.

Además, Sheij Nazim era un auténtico «cosmopolita» que trataba con personas de todas las partes del mundo, con puntos de partida culturales y emocionales muy diferentes. Podía moverse perfectamente en todos ellos sin traicionar un ápice su propia esencia y autenticidad. Y a veces acariciaba fieras. Por eso es un maestro espiritual y no un maestro de universidad o de escuela. ¿Ves la diferencia?

Es importante aclarar esto porque he visto a mucha gente que ha sido capaz de reconocer la grandeza espiritual de Mawlana, pero que se ha quedado encasquillada en las aparentes contradicciones de su discurso. Tanto musulmanes como occidentales —aunque no son, *of course*, categorías excluyentes.

En mi opinión, están atrapados en el espejismo de la mente. Creen que la «verdad» es algo que se puede pensar, que cabe en el limitado reducto de la cabeza humana. Y eso, les condena a la cárcel del literalismo —¡terrible encierro!—. Como si solo hubiera un punto de partida válido con una verdad única y absoluta… La mía, por supuesto. Lo que, en el fondo, significa ocupar el lugar de Dios. Todo fundamentalismo es un *shirk*, un pecado de idolatría o «asociación» de otro con la divinidad.

En esto, los cientificistas occidentales son igual que su espejo invertido: los literalistas orientales. Se plantean a sí mismos como saberes cerrados y totales. Solo hay una manera unívoca y lineal de pensar las cosas. El que no piensa como yo, se equivoca, está «condenado».

Los extremos se tocan —y se odian mutuamente— porque cada uno es la sombra del otro, su abyecto hermano gemelo. Son los hijos bastardos de una cierta forma, simplista y maniquea, de entender la modernidad, que ha achatado la realidad y desencantado el mundo.

Digamos que, en medio de la torre de Babel, Mawlana tenía un verdadero don de lenguas, hablaba a cada uno directamente a su corazón, con las palabras necesarias. Incluso, en muchas ocasiones, teníamos la sensación de haber entendido un mismo *sohbet* (o sermón) de maneras opuestas. Y eso que él, como buen maestro, siempre usaba un lenguaje muy sencillo con el que era capaz de transmitir las verdades más hondas.

Por supuesto, la «medicina» para un cientificista sería un auténtico científico, igual que para un literalista-fundamentalista lo sería un genuino sufí. La ciencia está muy bien, claro que sí, y el profeta animaba a buscarla continuamente, tanto el Corán como los hadices están llenos de llamadas a la búsqueda intelectual y científica —también hay hadices que dicen que hay que ser moderados y no extremistas y que los musulmanes deberían ser una comunidad del «medio»—. Y el imperio musulmán era, con diferencia, el más refinado y puntero filosófica y científicamente hablando de la Edad Media[8] —y más allá.

........................................

8. Aunque es una categoría de otro contexto cultural que posiblemente no pueda aplicarse a la historia del islam, como dice, por ejemplo, Fernando Mora.

Al igual que la ciencia, la religión —aunque detesto esa palabra— también está muy bien, incluso aunque tenga autores y referencias que a mí no me gustan.

El problema es cuando hacemos de una doctrina, la que sea, el centro y la referencia última y final. Así ya no hay ciencia ni religión —dos aspectos esenciales que no deberían contradecirse mutuamente—, sino cientifismo o *religionismo*, si me permitís el *palabro*.

Es, como decía arriba, construir un ídolo, hacer *shirk*, poniendo otra cosa en el lugar de Dios, un socio de Dios —que es el peor, y tal vez único, pecado que hay.

Ya sea una teoría o un autor, todo «ismo» es idolatría, llámase fundamentalismo o cientificismo. Para mí es obvio —aunque sería muy largo de desarrollar— que no hay nada menos científico que un cientificista ni nadie menos musulmán que un fundamentalista.

Lo importante no es el discurso. No se puede, tampoco, hacer un ídolo del discurso o de un texto muerto —y tomar las «parte» por el «todo», hacer «sinécdoque», más tarde lo explicaré—. Todos los maestros espirituales han querido inmunizarnos contra ello. La cosa no va de comprender nada sino de experimentar algo.

No hay texto sin contexto ni ciencia sin conciencia. Siempre hay que tener en cuenta para quién se habla y desde dónde se habla. La realidad pura y desnuda no existe, no puede pescarse con las pobres redes del lenguaje.

Incluso en la tradición sufí se dice que el profeta es un velo, aunque sea según ellos el velo supremo, porque no podemos ver la realidad tal cual, sin la mediación de un universo imaginario que nos la haga digerible.

Además, como sabemos los psicólogos interesados en el enfoque transpersonal, la esfera espiritual tiene cierta independencia de otros ámbitos del saber y de la vida. Nada ni nadie es infalible, ya desde Abu Bakr asSidiq, el primer califa del islam —e incluso desde el profeta, si hemos de atender a los hadices— sabemos que cualquier ser humano se puede equivocar.

En cualquier caso, la mente suele comportarse como un ilusionista que nos engaña con sus juegos de espejos, es un laberinto que, las más de las veces, nos pierde y nos confunde.

Las cosas importantes no se comprenden con la cabeza, sino con el corazón; entendido, no como un sentimentalismo, sino como metáfora del centro de lo que somos y que incluye: cuerpo, alma, mente y espíritu… En armonía.

Como me gusta decirles a mis pacientes con tendencia obsesiva: llevas treinta años pensando la misma cosa sin haber llegado a ninguna conclusión. ¡Ya está bien! Es hora de aceptar que la clave no está ahí. No llegará un día en el que digas «¡Eureka!, al fin lo he descubierto, todo este "pensar" ha dado sus frutos». ¡No! Eso no existe. Desarrollaremos todo esto en un capítulo posterior, en el que te presentaré a mi amigo Robbie, el robot.

Vas a flipar con él.

# *COSMIC CONNECTION*

Empecé a escribir esta sección para contar mi primera oración en Chipre. Pero, milagros del *salat*, se ha multiplicado solo y me ha salido un capítulo entero. Lo completaremos hablando de las otras prácticas, tradicionalmente llamadas pilares del islam: el ayuno, la caridad y la peregrinación.

Todas son, ante todo y de pleno derecho, prácticas espirituales, «conexiones», modos muy concretos de universalizarse, de trascenderse, de poner algo por encima de todo lo demás, incluso (y especialmente), de mí mismo.

¡Esto es espantoso para una mentalidad occidental moderna!

«¿Cómo? ¿Qué tengo que hacer algo "porque sí", porque lo dice "Dios", aunque no me apetezca, ni me dé la gana?».

¡Claro, esa es la clave, precisamente! Una manera rápida de progresar en el camino espiritual: poner algo por encima de todo. Algo que establezco conscientemente (o, más bien, supra-conscientemente), algo más importante que mi pereza y mis apetitos, algo que cuente más que las volátiles ganas del momento. Algo más importante que tú y que yo.

Además, para el carro, tío, o tía: Vas al gimnasio —o te gustaría ir— una hora al día, truene o llueva, a machacar tu cuerpo hasta el límite solo para verte un poco más *guapete*

—sé sincero— y alimentar tu imagen narcisista... Pero dedicar pequeños esfuerzos a tu Señor te parece una locura. ¿Acaso no ves en qué mundo vivimos?

Hemos hecho un ídolo de «la tableta de chocolate». ¡El más cutre de la historia! Y lo peor es que nos creemos la civilización más avanzada, la que mira por encima del hombro a todas las demás mientras caza pokemons por las calles.

Lo que hay que ver.

## ORACIÓN Y MALVAVISCOS

Después de probarlo, te confieso que soy incapaz de entender por qué el *salat* no tiene tan buena prensa como las *asanas* de *hatha yoga,* cuando es una práctica igualmente efectiva para focalizar la mente y flexibilizar el cuerpo y el alma. Y mucho más fácil de hacer.

Tal vez el motivo sea que suele traducirse erróneamente con palabras que echan para atrás como «rezo» u «oración ritual» o, aún peor, «plegaria». Cuando lo que realmente significa *salat* es algo a medio camino entre «conexión» y «purificación o cambio de estado a través de una energía».

Para que te hagas una idea cabal de la complejidad del árabe, el término se puede aplicar a la acción de quemar un *marshmallow* (castellano: «jamón o nube») en el fuego. Ya que hay una energía externa que lo transforma de un estado A (malvavisco) a un estado B (malvavisco asado). También se hace *salat,* por ejemplo, si un ejército ayuda a otro cambiando el signo de una batalla (una ayuda externa cambia la situación de A a B).

O sea, que *salat* no es solo «plegaria», sino algo mucho más complejo y, como siempre, intraducible.

Esto influye mucho. Mil veces hemos comprobado que si le decimos a alguien que vamos a «rezar» prefiere quedarse detrás de todo, tímidamente sentado en una sillita a la espera de que comience el *Diker,* en el que sí participa porque lo llamamos «meditación sufí» —que mola más.

Por eso, a veces explico el *salat* como una «meditación dinámica» parecida al yoga. Y entonces ocurre el milagro: todo el mundo hace el *salat* y a todos les encanta, como los *marshmallows* asados…

Al menos hasta que se acerca algún incauto y lo llama «oración», entonces ya sí que no. Pero, ¡si es exactamente lo mismo!

En el límite del absurdo, algunos se mosquean cuando descubren que el «yoga dinámico» que hacemos antes de la «meditación sufí» es «en realidad» una «oración». Se sienten estafados, contaminados como por ósmosis porque «han rezado». ¡Qué yuyu!

Espero que ahora que saben la verdad, y siguiendo exactamente el mismo razonamiento, todos aquellos que rechazaron el *salat* vomiten todos los malvaviscos que han comido en su vida.

Por pura coherencia.

## *SALAT*, YOGA DINÁMICO

Solo las posturas por sí mismas ya son sanadoras. Realizadas a diario, mejorarán tu salud física y psicológica. Como cualquier ejercicio suave, es uno de los mejores hábitos que se pueden adquirir.

Si el *salat* en solitario es alucinante, en grupo, te da un chute energético y espiritual que lo flipas. Igual que pasa con la PlayStation: «Con amigos es mejor».

La *asana* más importante del *salat* es la postración, que, como siempre, no es una práctica «islámica», sino universal y omnipresente en (casi) todas las tradiciones. Se postran los budistas constantemente, los hindúes constantemente, muchas tradiciones indígenas e, incluso, algunos cristianos —no tan constantemente— como, por ejemplo, los coptos —que, según muchos historiadores, conservan un cristianismo históricamente más cercano al original.[9]

En cualquier caso, no sabemos cómo era el cristianismo de Cristo pero sí sabemos por los evangelios que Jesús se postraba o se prosternaba para rezar hasta que su bendito rostro tocaba el suelo.

La postración es infinita. Sus beneficios y bendiciones no acaban nunca. Necesitaría un océano de tinta para explicarlo todo.

Es el único momento del día en el que pones la cabeza debajo del corazón, como Dios manda. Y da la sensación de que haya más riego cerebral, aunque muy probablemente esa sensación sea debida a que hay más riego cerebral. Tiene sentido, ¿no?

Tu cabeza forma un triángulo con tus manos. Y tus rodillas con tus pies hacen la forma de un cuadrado: las geometrías sagradas que representan el cielo y la tierra. Se vuelve a la posición fetal, al origen, al océano primordial, generando un espacio de increíble intimidad con Dios. Eres nada frente al Todo. Eres nada en el Todo. Y eres nada con cada fibra de tu ser, incluso con tu cuerpo.

No te quedas a medias: todo lo que eres se pone en oración. Cada célula, cada órgano, cada átomo que te compone

---

9. No es una crítica ya que, por educación y convicción, no tengo ningún problema en considerarme cristiano además de sufí. Y si me apuras también budista y un poco vedantín… y eso tirando por lo bajo.

anhela postrarse en alabanza a Dios. Sois tú y tu *ego* los únicos que oponéis resistencia. Nadie más.

Cuando le pillas el truco, una postración puede equivaler (en cierto sentido) a una buena meditación. Se da una limpieza, una purificación profunda que calma la mente, como sacar la basura psicológica o borrar los garabatos de la pizarra mágica de tu *ego*.

En contra de lo que mucha gente cree, el *salat* no cansa, sino que descansa.

Te diluyes en la inmensidad de Dios.

## LA VICTORIA ES DE *AL-LAAH*

Durante el *salat* hay otras posturas. En el *ruku* (o inclinación) se estira la espalda con las piernas tiesas hasta que tira de los gemelos, lo que mantiene la columna joven y aporta salud y larga vida (según estudios). El *salat* es como un yoga que se hace en cinco minutos cada vez. Un yoga en sinopsis.

He visto en Chipre, y en otros países musulmanes, ancianos de más de ochenta años realizar perfectamente el *salat* y sentarse en el suelo sin problemas. A punta pala.

En occidente, no conozco a nadie que llegue a la vejez con ese nivel de salud y flexibilidad. Si hay excepciones lo habrán conseguido con grandes esfuerzos. Mientras que el *salat* (y el ayuno, sin duda) son muy fáciles de llevar.

Igual que el ayuno, junto a los beneficios físicos, el *salat* tiene también aspectos simbólicos y arquetípicos. En la tradición se dice que fue revelado directamente por el Ángel Gabriel (*Yibril [as]*) al profeta. Es decir, es una práctica que descendió de los cielos, por lo que expresa (entre otras cosas) la relación del ser humano con la divinidad.

Es, naturalmente, una relación dinámica o dialéctica, un baile de contrarios. Por una parte, estamos en pie (*qiyam*), en posición de majestad, porque el ser humano es, según el Corán, nada menos que el *JalifatulLah* o representante de la conciencia divina en el mundo. ¡Somos los ojos y los oídos de Dios, sus diputados, «califas» en la tierra! Tenemos el *Ruh* de *Al-Laah* (el Espíritu Santo) en nuestros corazones, un soplo divino que nos anima, una parte de nuestro ser que está en permanente presencia divina, ¿la sientes?

El contrapunto es la *Sajda* (o postración), en la que literalmente nos humillamos (o, si prefieres nos «humildamos»), tomamos tierra a la vez que tomamos cielo, reconociendo que ante Dios no somos nada —excepto por su misericordia.

Nuestra máxima aspiración, como nos enseñaba Mawlana, es ser humildes siervos, ya que somos literalmente suyos. No nos pertenecemos. Nada de lo que tenemos, ni nuestro cuerpo ni nuestra salud o inteligencia, nos lo hemos dado a nosotros mismos. Son un préstamo, un alquiler que, algún día, tendremos que devolver.

Y si no, si alguien cree que su cuerpo o su mente son suyos, le recomendaría que vaya a darse una vueltecita por la unidad de cuidados paliativos y que luego me cuente.

Como dice el Corán: todo perecerá salvo la faz de *Al-Laah*. De Él somos y a Él habremos de regresar.

## AYUNAR: MEJOR QUE UN RON CON LIMÓN

Como hemos visto con el *salat*, los pilares islámicos son prácticas integrales de pleno derecho. Los psicólogos transpersonales, siempre buscando ejercicios que incluyan mente, cuerpo y espíritu, deberían prestarles toda la atención.

Este carácter holístico es evidente en el ayuno, donde lo primero y lo más obvio —pero no lo más importante— es la sanación corporal —como demuestran infinidad de estudios—. En el ayuno los órganos descansan y cambian de estado, la flora intestinal y el sistema inmunológico se regeneran, también la sangre y el líquido cefalorraquídeo. Todos los humores del cuerpo se transmutan y alquimizan. Especialmente, el mal humor.

Para reparar el barco, a veces hay que sacarlo del agua.

Psicológicamente, el ayuno te enfrenta contigo mismo y con las «pamplinas de tu *ego*», como decía un hermano sufí—. Si de verdad lo pruebas, pasar unas pocas horas sin comer y sin beber no supone un gran esfuerzo. Enfrentarte a esa vocecita interior que te dice que pases de ayunar, eso sí que es agotador.

Lo que echas de menos no es tanto el agua y la comida como las chucherías a las que te has ido acostumbrando tontamente que, como tú mismo sabes que no son muy sanas, las dices en diminutivo para no enterarte mucho, por ejemplo, el cafelito, el dulcecito de por la tarde o el cigarrito después de comer.

Ayunar te ayuda a romper los hábitos —que a veces sí hacen al monje—, a salir de la mecanicidad del día a día y a comprender —y negociar— mejor con tu *ego*. En lenguaje de Gurdjieff, te ayuda a despertar de la mecanicidad para entrar en el recuerdo de Sí —que realmente es el recuerdo de Dios, *Diker*.

Y tiene el extra bonus de que afina los sentidos. El hambre te hace ingresar en un estado ampliado de conciencia que facilita la percepción del fosforescente código del *Matrix*.

Sospecho que, en parte, por eso es tan fácil caer en «ayunos extremos» y peligrosos como los de las llamadas anorexias. Ya que esta sutilización provoca un cierto grado de adicción.

Parece que el cuerpo volara y el alma que va detrás...

## SOL Y SOMBRA

El ayuno, como la oración —y la peregrinación— de otra manera, está integrado en los ciclos naturales: lunar y solar. Por lo que, al practicarlos, te sientes más profundamente unido a la naturaleza. Y comprendes la orografía del tiempo.

No es lo mismo la mañana que la tarde, el mes lunar de Muharram que el mes de Saffar. Si estás atento, notas una diferente cualidad, una estructura única y particular que puedes saborear mejor, gracias a la práctica.

El ayuno «obligatorio» se realiza de una luna nueva a la siguiente en el mes de Ramadán. No puedes ni imaginar con qué ojos miras la luna durante esos días.

El ayuno se rompe —literalmente, se desayuna— justo tras la puesta de sol.

Las horas de espera finales, dedicadas a la meditación y la oración, antes del atardecer, adquieren una textura muy especial. La tradición dice que solo queda un fino velo que nos separa de Dios y que todas las peticiones (*duas*) serán escuchadas, *inshalLah*.

Para los occidentales que no lo hayan probado, hay que aclarar que ayunar bien, siguiendo unas reglas muy probadas, no te quita salud, sino que te la da. Y, una vez más, en sentido biológico, emocional y espiritual. Además, te resitúa en la casilla de salida, en tu verdadera naturaleza. El hambre es un buen maestro, te enseña a discriminar lo que verdaderamente necesitas de lo que no, te enseña quién eres tú.

Hablando en términos económicos, ayunar es la mejor inversión que se puede hacer: un pequeño esfuerzo que tiene un retorno literalmente infinito, con riesgo cero. Pasado el mes, te sientes más sano, depurado, diez años más joven. Es la mejor dieta *Detox* que he probado.

Hay un hadiz en el que Dios dice que la recompensa del ayuno, al contrario que otras prácticas, es directamente para Él (o Ella). ¡Uf! No quiero ni pensar lo que eso significa... ¡Tremendo!

Y, al final del día, viene la fiesta. La alegría se desborda y se comparte una buena comida en familia o entre amigos. Es como treinta reuniones de Navidad sin el mal rollo del alcohol y la resaca. Y con apetito de verdad (no como esas tediosas comidas/cenas continuas por las que nos vamos arrastrando en nuestras fiestas con las tripas llenas y el hígado a punto de reventar).

Eso sí, puede que no haya alcohol, pero que nadie subestime el subidón sano del deber cumplido y del primer tececito pirata con mucha azúcar después de doce horas en blanco. Me río yo de los cubatas de ron.

¡Ah! Y la *barakah*, que no se me olvide, que a veces también se sube a la cabeza y al corazón.

Naturalmente, no todo es dejar la comida y la bebida. Al igual que la oración, la clave del ayuno es interior, como prueban estos dos hadices:

> **Si una persona no evita la palabra falsa y la conducta falsa durante el ayuno, a *Allah* no le importará si ésta se abstiene de su comida y bebida.**

> **Muchos ayunantes no ganan nada con su ayuno excepto el hambre y la sed.**

O sea, que el ayuno más importante y más difícil es el ayuno de ira, enfado, narcisismo, envidia, etc.

De hecho, te animo a que, independientemente de tu tradición, pruebes empíricamente lo que significa hacer un ayuno en Ramadán. ¡Plantéale un sano desafío a ese «*ego insaciable y glotón*» que todos llevamos puesto!

En definitiva, imponiéndonos el ayuno domesticamos a la bestia. Es el triunfo de la mente sobre la materia. Por lo tanto, es literalmente el mejor ejercicio que conozco para forjar la voluntad. Que casi podría definirse como poner algo por encima de mis ganas y apetitos.

Y si ese algo es El Algo, o sea, Dios, pues miel sobre hojuelas, que nos comeremos justo al atardecer.

¡Ya verás qué ricas las hojuelas!

## ZAKAT: AJUSTANDO LA ECUACIÓN

*Cuando das, te das.*
ALEJANDRO JODOROWSKY

Siguiendo con la peli *Matrix*, creo que es el personaje de Morfeo (y, si no, corregidme) el que dice que la realidad es como una ecuación, en la que los dos lados o aspectos de la igualdad siempre acaban ajustándose. Si sumamos algo por aquí, se acabará restando por allá. Al final, las cuentas cósmicas siempre cuadran.

Algo de esto hay en el *zakat* o caridad. Si damos, recibimos. Recibimos en este mundo o en el otro —que ajustará las cuentas, pero de verdad.

Míralo así: cuando nos deshacemos de algo, queda un vacío que —si hemos dado bien— Dios quiere rellenar con aquello que es mejor para nosotros. El truco, claro, es que hay que dar desinteresadamente. Si esperamos algo a cambio, ya no vale. O a lo mejor sí… ¡La misericordia divina es infinita!

Por eso, en el sufismo se recomienda dar cuando se está enfermo, a ver si así, lo que se recibe por el otro lado de la ecuación es la salud, que es un regalo divino que solo apreciamos, curiosamente, cuando nos falta.

El *Zakat* es el impuesto obligatorio que habría que repartir entre los más necesitados. La *Sadaqa* sería como el *Zakat* voluntario. Cuanto más entreguemos, mejor.

Siempre sin descuidarnos a nosotros mismos. Todo tiene su derecho, ¡también yo! No olvidemos las dos partes de la ecuación de esta bella frase: amar al prójimo como a ti mismo.

Es menester aclarar que la *sadaqa* no es solo dinero. Cualquier ayuda es caridad. Incluso una sonrisa, según un conocido hadiz, también es *sadaqa*.

Y no es extraño: neurológicamente hablando (ahora que está la moda neuro-todo), sonreír tiene increíbles beneficios fisiológicos para quien emite la sonrisa y para quien la recibe (ya sabes, ese rollo tan guay de las neuronas espejo de las que todo el mundo habla sin tener ni idea de lo que son).

El *Zakat* nos recuerda que nada de lo que tenemos es nuestro. Y darlo también sirve como «purificación de nuestros bienes» (Corán 19; 55). Desde este punto de vista, ser rico es peor que ser pobre. Según un hadiz: Dios ha dispuesto la provisión de los pobres en las alforjas de los ricos. Luego el rico tiene una responsabilidad mayor. Y cuando llegue el día del examen final, necesitará más nota para aprobar.

El profeta (SWS) estaba orgulloso de su pobreza.

## SOLO HAY UN DIOS VERDADERO.
## MUHAMMAD, SU MENSAJERO

Hemos visto el *salat*, el ayuno y la caridad. Nos quedan, por lo tanto, dos de los que tradicionalmente se consideran los cinco pilares del islam. La *shahada* y la peregrinación. De esta última hablaremos en el siguiente capítulo.

Y de la *shahada* ya hemos dicho mucho. De hecho, llevamos hablando de ella todo el tiempo, desde el principio del libro. En cierta manera, no se puede hablar de otra cosa ni, aunque quieras.

Técnicamente hablando, la *shahada* tiene dos partes. La primera tiene que ver con la unidad (*tawhid*) y la segunda con la discriminación dentro de esa unidad (*furqan*) porque no todo es relativo ni todo vale. Son las dos alas necesarias para emprender el vuelo del espíritu. Unidad en la diversidad.

Aprovecho para criticar la nueva moda de una cierta «no-dualidad» mal entendida que desprecia el mundo y lo relativo como si fuera un juego o una ilusión. Esa posición me parece, al contrario, profundamente dualista: ya que todo es parte de la misma unidad, si «lo relativo», el mundo de la «manifestación» sobra por completo y no tiene un valor trascendente, aparte de que «todo vale», estamos atribuyendo imperfecciones a lo absoluto… Más aún, la misma diferencia entre un absoluto (no-dual) y un mundo relativo (dual) me parece dualista...

La *shahada* es la atestiguación de la unidad divina, por un lado. Y, por el otro, de la cadena de los profetas desde el primero, que en la tradición es Adán —todos los seres humanos, por tanto, tienen algo de esa luz profética— hasta el último que es Muhammad. Pasando por Noe, Moisés, David, Salomón, Jesús, etc. Así hasta 124000, según el

Corán. Lo que probablemente sea una cifra simbólica que, traducida a un valor matemático sería exactamente *tropocientosmil* —ni más ni menos-.

En su formulación más simple sería: *La ilaha illaLah* (**tawhid**), *Muhammad RasululLah* (**furqan**).

Se dice que no hay pueblo que no tenga su enviado. Por lo que ningún ser humano quedaría fuera de la posibilidad de reconocer y seguir la guía divina. Su misericordia lo envuelve todo.

En cierto sentido los profetas son iguales (eso dice literalmente el Corán al final de la *surah* de la vaca) y en cierto sentido no lo son. Por ejemplo, de Muhammad se dice que es el *Jatm alAnbiya*, literalmente, el sello de la profecía, porque es el último en manifestarse en la línea del tiempo. Ya no se espera ningún profeta después de él. Pero sí personas que den nueva vida espiritual: revivificadores (*muyahiddin*) que tienen que venir, según los hadices, al menos uno cada siglo. Y también *waliulLah*, literalmente «amigos íntimos de la Divinidad» que siempre hay un número fijo sobre el planeta y tienen una especial importancia en el sufismo. Estos santos se organizan en jerarquías que recuerdan al *Señor de los anillos*.

Ya que hemos dicho que el profeta Muhammad es el «sello de la profecía», no está de más añadir unas palabras de Jesús.

De él, nada menos que el llamado Maestro Más grande (Sheij al Akbar), Ibn Arabi, decía que era Jatm Al Quddusiyya, el sello de la perfección.

Y en el Corán —y esto alucinará al que no lo sepa—, a parte del nacimiento milagroso de una virgen se dice que Jesús es RuhAlLaah (el Espíritu Santo), al Masiyah (el mesías) y KalimatulLah (la Palabra divina, o sea, el Verbo, el Logos…).

Todos estos adjetivos se los aplica el Corán directamente a Jesús —a quien, además, nombra más veces que a Muhammad SWS.

También hay un hadiz que dice que el primer ser humano en entrar en el paraíso será una mujer: María.

Sinceramente, y más allá de discusiones bizantinas, no veo tan difícil ser cristiano y musulmán (y judío, budista, vedantín... y del Betis si me pongo).

# LA CASA DE DIOS

## A VISTA DE ALIEN

Te presento la Casa de Dios, el centro espiritual de este planeta. Al menos cuantitativamente hablando, ya que probablemente no existe un templo tan visitado y venerado como la *Kaaba* en Meca.

Desde su fundación (tradicionalmente atribuida al profeta Abraham) y su refundación en la época del profeta Muhammad, nunca ha dejado de crecer. Y siempre hay gente circunvalándolo. En todo momento: de día y de noche, en invierno y en verano…

Pero no solo eso. Sino que cinco veces al día en todas partes del mundo sin excepción, casi un tercio de la humanidad hace intención de ponerse cara a la Meca para sintonizarse con lo sagrado.

Es más alucinante de lo que parece a primera vista. Verás: ponte en modo Pedro Duque e imagina el planeta Tierra visto desde el espacio. ¿Ya?

Ahora observa la línea de umbra y penumbra del sol. Es decir, los dos meridianos o trayectos geodésicos (es el nombre correcto) que separan el día de la noche y la noche del día. ¿Lo tienes?

Añade otras tres líneas: dos en la zona del día, una justo en medio (al medio día) y otra un poco más adelante, al atardecer. La última bien entrada la noche. Son cinco trazados como las rayas de un balón de rugby, ¿las puedes ver?

Ahora coloca sobre ellas cientos no, miles tampoco, decenas o centenares de miles tampoco, millones tampoco, cientos de millones tampoco... ¡Más de mil seiscientos millones de personas (y creciendo), esperando en todo el orbe el momento de postrar su cabeza en la misma dirección!

Podemos añadir ahora una capa transparente de Photoshop e imaginar un rayo metafórico que sale del centro hasta la frente —y el corazón— de cada uno de los orantes del planeta... ¡Guau! ¡Cuánta luz! Parece una de esas imágenes del campo electromagnético de la tierra, pero es el campo espiritual. ¡Pedro Duque, si se enterara de algo, debería estar deslumbrado!

Ahora añade movimiento. Porque no es una foto, sino una película. Observa de qué manera la tierra va rotando y la luz solar se va deslizando dulcemente por su superficie. Mientras esto ocurre, unos se ponen de pie para que otros empiecen a postrarse según les va llegando la línea de luz —o de oscuridad—. Es como hacer la ola —en cinco puntos a la vez— pero a nivel planetario y refrescando cada vez la misma conexión, una y otra y otra vez. ¡Esto sí que es globalización!

A toda esa energía hay que sumar la de las decenas de millones que dan vueltas alrededor de la *Kaaba* cada año como un remolino de amor y devoción pura.

Seguramente no hay, ni ha habido nunca, nada parecido en este planeta. La *Kaaba* es el mayor atractor espiritual, *urbi et orbe*, que conocemos. Si fuera una especie de «condensador» de energía podría abastecer a este planeta y a otros mil como este.

Una vez dicho esto, si un alienígena nos observara desde el espacio, haciéndole la peineta a Pedro Duque, ¿dónde señalaría el epicentro espiritual del mundo?

Obvio: en la que, ahora comprendemos mejor que nunca por qué, se llama la Casa de Dios (*BaytulLah*), que es en donde convergen las energías visibles e invisibles de más de un cuarto de toda la humanidad.

Impresionante.

## LAS TRES CASAS DE DIOS

Pero volvamos a lo nuestro. Según los hadices, hay tres *Kaabas*. Una es la casa física, el «cubo» (no otra cosa significa *kaaba*) situado en la ciudad de Meca. La otra es la *Kaaba* celeste, en la que giran los ángeles (*malaika*) y está situada justo «encima» —espiritualmente y no especialmente hablando, por supuesto— de la *kaaba* terrestre.

Y, por último y más importante, la verdadera casa de Dios, que no es otra cosa que el corazón del *mu'min* (el ser humano sincero). Por eso el derviche gira, también, en torno a su corazón, para vaciarlo de todo ídolo, llamando, en su interior, al verdadero Dueño de la Casa.

La *kaaba* es esencial en la configuración geométrica y sagrada del alma. Aporta algo que muy pocos tienen: un centro. Y cuando se tiene un centro —diría Yoda— se tiene una dirección (que se llama *Quibla*). Y cuando se tiene una dirección se tiene un sentido. Y cuando se tiene un sentido se sabe si te acercas o te alejas. No olvides esta frase que me encanta: cuando un barco no sabe a qué puerto se dirige, ningún viento le es favorable. Igualmente, si no sabemos a qué quibla nos dirigimos, no sabemos si vamos ni venimos, si subimos o bajamos.

Sin un centro, sin una unidad, no hay significado. Y sin significado, la vida pesa demasiado —y pasa demasiado.

Por eso hay que hacer el peregrinaje una vez en la vida, para literalmente dotarla de sentido. Esto es algo que en el occidente moderno parece casi olvidado. Lo importante no es la felicidad —como todos buscan—, sino el sentido.

Si encuentras el sentido, a lo mejor viene acompañado de una cierta porción de felicidad. Pero si se busca la felicidad por sí misma —normalmente entendida como esclavitud de mis pasaiones— solemos encontrarnos con lo contrario. Y esto lo sabemos todos los psicólogos.

En las culturas tradicionales —todas menos la nuestra— se programan ritos de paso en los que hay que enfrentar a la muerte para encontrar el sentido y de paso madurar. Prefieren morir a vivir una vida insulsa, sin la épica necesaria para que merezca la pena.

El rito de peregrinación a la *Kaaba*, que es físicamente bastante duro (aunque lo puede hacer cualquier persona sana sin problemas), es también, en parte, ese rito de paso. Por eso el que la cumple se le pone el título de *hachi* o *hacha*, un honor para toda la vida.

Igual que el *salat* tenía que ver con el ciclo diario y el ayuno con el anual, la peregrinación (hach) tiene que ver con el ciclo vital. Ruedas que giran en ruedas, fractales de símbolos que nunca se agotan engarzados dinámicamente los unos en los otros.

Eso es el sentido.

## ¡HUMÍLLATE!

Todas estas prácticas son una psicoterapia reconcentrada. Estableciendo el *salat* o el ayuno, aprendes a adquirir compromiso y responsabilidad diaria, tolerar la frustración, poner algo por encima de ti mismo y dar un sentido fuerte a la vida. Todo en uno. Todo en el Uno.

Y la peregrinación completa el programa como un auténtico rito de paso a la edad adulta, psicológica y espiritual.

Si te fijas, todo está relacionado con un producto del que hay mucha escasez: la madurez emocional, cuya carencia suele estar en la base de los problemas que vemos en las consultas privadas —como intento demostrar en mi anterior libro: *Las Enfermedades Mentales No Existen... Son Los Padres*.

Por eso, este aspecto «ritual» es tan importante. Porque no es fácil domesticarnos a nosotros mismos, doblegar el *ego* —y el espinazo—, posar la frente en el suelo un día y otro día y otro... Al final se produce casi sin darte cuenta, en dosis homeopáticas, una transformación brutal —como los malvaviscos, recuerda.

Y eso, al «*ego* infantil» le acojona... y con razón. Es algo que todas las sociedades humanas han sabido —menos el actual occidente—: madurar no es fácil ni automático, necesita un enorme esfuerzo personal y social.

Para contrapesar este panfleto de propaganda pro *salat*, que te estoy metiendo, he de reconocer que al principio me resultaba muy chocante ver a un montón de tíos con toda la barba tirarse al suelo convencidos y conmovidos. En un acto, a la vez, totalmente cotidiano y totalmente trascendente.

Nunca olvidaré la impresión que me produjo ver a un señor, que luego supe que era italiano, llorando como un bebé —era una verdadera sopa de barbas a la milanesa—, mientras rezaba ese primer *salat* en esa primera mañana que pasé en mi primer viaje a Chipre.

Y también podemos traer a colación un hadiz que lo pone todo en perspectiva:

> **Reconciliar a dos personas es mejor que todas las oraciones y ayunos.**

Concluyamos diciendo que, si haces el *salat* de corazón, más allá de un «simple» ejercicio de gimnasia sueca y de madurez emocional, puedes creerme que pasa algo muy fuerte.

Ese es uno de los motivos por los que el islam es tan atractivo para los que están dentro y tan incomprensible para los que están fuera, porque donde reina la experiencia sobran los argumentos. Pero la experiencia no es «gratis», hay que estar dispuesto a vaciarse de nuestros prejuicios culturales e individuales —y de nuestro *ego*— para humillarnos —bonita palabra, que viene de humildad— ante Dios.

Él, que es todo misericordia, lo recompensará con creces. Pero Dios te quiere tanto que no te dará nada si no empiezas tú. Hasta ese punto respeta tu libertad.

Eso sí, si tú das un paso hacía Dios, Él dará diez hacia ti (dice un hadiz), o si tú te acercas andando, Él vendrá corriendo…

¿Te atreves a humillarte?

El balón está en tu campo.

## EL ÁNGEL GABRIEL, LA PAZ SEA CON ÉL.

Para enmarcar todo lo dicho, y porque este capítulo se me ha quedado corto, te copio rápidamente el hadiz base que fundamenta estos famosos pilares (*arkan*) del islam que ya hemos repasado.

También habla de los fundamentos de la fe (que sería mejor traducirla como «Apertura»). Así como la «Excelencia» (*Ihsan*).

Normalmente se dice que son tres grados (islam, imam, *ihsan*) que se apoyan uno en otro como un zigurat o pirámide escalonada. El vértice, el *ihsan*, sería al ámbito propio del sufismo.

No sabía si incluir esta parte porque no quería poner nada que se pudiera encontrar en Wikipedia. Pero creo que facilita la comprensión.

Estábamos un día sentados con el Mensajero de Dios cuando vino a nosotros un hombre con ropas blancas y cabellos negros; y no se veían en él signos de viaje y no lo conocía ninguno de nosotros; se sentó frente al Mensajero de Dios, con sus rodillas tocando las de él, y poniendo sus manos sobre sus muslos le dijo: «Oh Muhammad, háblame del islam». Le dijo el Mensajero de Dios: «El islam es que atestigües que no hay más dios que Dios y que Muhammad es el Mensajero de Dios, que establezcas la oración, que pagues el *zakat*, que ayunes Ramadán y que hagas la Peregrinación si estás capacitado para hacerlo». Dijo: «Has dicho la verdad». Dijo 'Umar: «Nos extrañamos de que preguntara y al mismo tiempo ratificara la veracidad de la respuesta».

Luego dijo: «Háblame sobre la Imam». Dijo: «Confiar en Dios, en Sus Ángeles, en Sus Libros, en sus Mensajeros y en el Último Día; y que creas en el Destino, tanto lo bueno como lo malo viene de Dios». Dijo: «Has dicho la verdad».

«Háblame sobre el Ihsan (la excelencia)». Dijo: «Que adores a Dios como si lo vieras, y si no lo ves (que sepas) que Él sí te ve».

[...]

> **Luego el hombre se marchó y yo permanecí allí un tiempo; pasado éste dijo el Mensajero: «Oh 'Umar ¿sabes quién era el que preguntaba?». Dije: «Dios y Su Mensajero saben más». Dijo: «Ciertamente era Gabriel, que ha venido a vosotros para enseñaros vuestro Din».**

Pero, ¿qué es el din? Pues es la palabra que suele mal traducirse como «religión». Pero que en árabe clásico no tiene nada que ver con lo que entiende un occidental actual por ese término.

Más bien podríamos traducirlo como «forma de vida» o «cosmovisión», incluso «cultura», aunque también tiene connotaciones de «vía, senda, sistema, orden» y hasta de una «deuda» que hay que devolver, ¡que es la existencia misma! De hecho, MeDINa («ciudad») es realmente el lugar donde se aplica el din, es decir, donde hay una forma de vida ordenada —con unos derechos y deberes inherentes—. Algo muy cercano a nuestra idea de civilización (de «civitas», ciudad), o, en términos más helenísticos: el din es el cosmos que se opone al caos.

También podríamos entenderlo como una forma cultural concreta. Por eso los animales —en principio— no tienen din, solo el ser humano. Y la prueba definitiva de que no es «religión» es que en la sura 109 *al kafirun* se dice que «los *kufara* tienen su din».

Y, ¿quiénes son los *kufara*? Pues es la palabra que suele mal traducirse —que te mueres— por «infiel», pero que en árabe clásico no tiene nada que ver con lo que entiende un occidental actual por ese término.

*Kafara* significa «el que cubre la verdad, el que engaña intencionadamente para conseguir un beneficio propio». El que miente a sabiendas o hace el mal a propósito. No tiene nada que ver con tener una fe o no tenerla (infiel) como se entiende en cierto cristianismo moderno.

De *kufar*, viene el término castellano cafre. Y no hay nada más kufur, metafóricamente y literalmente hablando que traducir *kafara* por «infiel».

¡Vaya cafres!

## ¡LA ÚNICA RELIGIÓN VERDADERA!

Ya que hemos explicado la palabra «din» y hace unos capítulos explicamos «islam», quiero aprovechar para enseñarte algo sobre el Corán. Y así cumplo la promesa que te hice más arriba de copiarte algunas traducciones.

Te traigo nada menos que seis versiones de uno de los versículos (el 3:19) más polémicos del Corán.

Son la traducción del *Sahih* internacional —que es la más «canónica», aunque en inglés—, junto a tres de las más habituales (Julio Cortés, Isa García y Muhammad Assad), también te copio la del famoso Corán gratis de la mezquita de la m30 de Madrid y otra que he visto en una página web (no pone el autor) pero es una de las que más se escucha.

En árabe trasliterado —cutremente— sería: «Inna (ciertamente) din inda (más cerca) Al-Laah al islam» (algo así como «ciertamente o enfáticamente, el din más cerca de *Al-Laah*, el islam»). Ahora veamos las traducciones habituales:

*Sahih* internacional:

> **Indeed, the religion in the sight of Allah is islam.**

Isa García:

> **Para Dios la verdadera religión es el islam.**

Comentario: no sé de dónde sale "verdadera". Pero me gusta que traduzca la palabra «AlLah», aunque no haga lo mismo con islam. «Para Dios, la verdadera "religión" es la Armonía». Sonaría mucho mejor.

Julio Cortés:

> **Ciertamente, la Religión, para Alá, es el islam.**

Una pregunta capciosa: ¿Por qué, Julio Cortés no traduce el término «Alá» que es el que utilizan todos los árabes, incluso los árabes cristianos y ateos, para hablar de «Dios»? ¿Si estuviera traduciendo a un cristiano árabe dejaría la palabra «Alá» o diría «Dios»?

Es como cuando dicen: «No hay Dios, sino Alá», haciendo que el sentido de esa expresión (la *shadada*) sea justo el contrario del que debería ser, ya que visto así separa (como si hubiera «varios dioses» o como si Dios y Alá fueran cosas distintas).

Entonces, ¿por qué sí traducen *ilaha* como «dios» cuando es lo mismo que *AlLah* y tiene exactamente la misma raíz con las mismas letras árabes [*alif, lam* y *ha*] pero en otra forma?

¡Me niego por completo!

Una de dos. O decimos «no hay más *ilaha*, sino *AlLah*». O decimos «no hay dios, sino Dios». Lo demás es hacer trampas consciente o inconscientemente. Es decir (y de nuevo): ser un cafre.

Otra traducción de una web (pero la he visto mucho):

> **Ciertamente, la única religión [verdadera] ante Dios es el islam.**

Esta me encanta por la absurda manía de los corchetes. Verás que en muchas traducciones se introducen palabras o frases enteras que no están en el texto original, así por toda la cara (que a veces también se meten sin corchetes, que es aún peor).

Lógicamente, estos polizones pueden cambiar el significado original por completo. A veces, como en este versículo (y como en la *shahada*) volviéndolo literalmente opuesto.

De los que yo conozco, el Corán que regalan en la mezquita de la m30 de Madrid es el rey de los corchetes que, por cierto, traduce así este versículo:

> **Realmente, la práctica de Adoración ante *Allah* es el islam.**

Aquí Din es «práctica de Adoración» (con A mayúscula por algún motivo), lo que sin duda es mejor que «religión». E islam y *AlLah* permanece sin traducir, por lo que sigue ese regusto de que es algo ajeno y extranjero. Cuando esto pasa siempre hay que cuestionarse por qué traducen unas palabras y no otras, y qué intención hay detrás.

La de Muhammad Assad (cuyo libro El Camino a Meca te recomiendo) que es la única que tiene algunas partes más digeribles para un occidental sin conocimiento del árabe clásico[10]. Él no deja palabras árabes. Fíjate, por ejemplo, como traduce islam:

> **Ciertamente, la única religión [verdadera] ante Dios es la autosumisión [del hombre] a Él.**

...........................................

10. La puedes encontrar gratis online haciendo la búsqueda "El Mensaje del Corán Muhammad Assad". Interesante también que ha tenido la humildad de no llamarlo: El Corán, así tal cual. Por cierto, ¿por qué nunca se traduce el término Corán que significa recitación?

A donde quiero llegar es que ninguna traducción es acertada, porque todas cargan con la hipoteca conceptual del término «religión» que es totalmente ajeno al pensamiento y la revelación coránica[11].

Para mí, y para un áraboparlante, una mucho mejor traducción (e infinitamente más cercana al sentido original intraducible) sería, sin entrar en los obvios matices de la partícula *'indi* (que tiene que ver con «cercanía»):

> **La forma de vida que más acerca a Dios es la entrega armónica a lo Real.**
>
> **La mejor forma de vida es la armonía con lo Real.**

O incluso siguiendo a Houssain Labrass, este versículo quiere decir que todo el sistema (din) cósmico está sujeto a la armonía divina. Y se aplica a todas las cosas, también los planetas que no pueden más que seguir por sus órbitas fijadas, etc. (En mi canal de YouTube puedes encontrar un vídeo en que le entrevistamos y lo explica perfectamente. Se llama: *Cómo Leer el Corán: el Amor y el Corán*).

> **¡Es lo opuesto, directamente, a esas traducciones!**

Porque este verso (y más en su contexto coránico) es lo más inclusivo que hay. No hay una «religión verdadera», como ha obsesionado a cierto cristianismo (y han proyectado sobre el Corán).

Qué claro se ve además que al traducir no puedes evitar meter de contrabando toda tu mentalidad occidental,

-----

11. Véase, de nuevo, Genealogía del Monoteísmo de Abdennur Prado.

moderna y poscristiana, adulterando por completo el mensaje original (junto, muy posiblemente con hipotecas conceptuales del propio mundo islámico, claro que sí).

¡No! Para un musulmán verdadero no hay una religión verdadera…

En lugar de eso, armonízate, tío (o tía), haz islam.

Eso es lo que te dice el Corán.

# RAZÓN Y CO-RAZÓN

*El Mensajero de Allah (la paz y las bendiciones de Allah sean con él) dijo: ciertamente en el cuerpo hay un pedazo de carne, que, si está sano, sanará todo el cuerpo, y si se corrompe, se corromperá todo el cuerpo y, este es el corazón.*

[SAHIH MUSLIM]

*El profeta (SAS) dijo: El saber es obligatorio para cada musulmán. Y también dijo: El conocimiento es lo que anda buscando el musulmán, y debe recogerlo, aunque sea de recipientes impuros. Y también dijo: Buscad el saber, aunque para ello tengáis que llegar hasta China.*

*¿Qué es, pues, el tiempo? Si nadie me lo pregunta, lo sé; pero si quiero explicárselo al que me lo pregunta, no lo sé.*

SAN AGUSTÍN

Hemos dicho que la transmisión espiritual no es mental. Hay que profundizar un poco en esto, sobre todo en esta época en que todo es cabeza —y estómago— y hay tan poco corazón.

El sufismo es como el tiempo para san Agustín o la iluminación para Buda; cuando no pensamos en ello es evidente, pero en cuanto creemos entenderlo, sabemos que estamos completamente equivocados. El gato de Nasrudín es aún más esquivo y extraño que el de Schrödinger.

Sobra decir que el hecho de que el sufismo sea transracional no quiere decir que sea irracional —o arracional— y que valga cualquier chorrada. Sino que se trata de superar la razón, pero no por abajo, sino por arriba, por desbordamiento, transitándola hasta el final y reventándola.

El sufismo y la tradición profética llaman continuamente a la búsqueda de conocimiento. El Corán siempre está apelando a «los dotados de intelecto», o «aquellos que comprenden», animándolos a indagar a fondo. Pero, a la vez, la razón tiene sus límites y su ámbito propio de jurisprudencia que no debe rebasar.

Por eso, los sufíes han sido llamados las gentes del Corazón (*Qalb*), pero sin dejar de ser las del intelecto (*'Aql*). No está de más añadir que las obras filosóficas de algunos autores, como el murciano Ibn Arabi —sin duda, y le pese a quien le pese, el español más grande y universal de todos los tiempos—, superan, en cierto sentido, al de la mayoría de los autores filosóficos tanto en extensión como en profundidad.

Pero aun así —y el murciano, Ibn Arabi, nos lo recuerda una u otra vez—, la experiencia sufí, como el Tao o el Zen o la mística cristiana, resulta totalmente inefable e incualificable, está más allá de toda característica o atributo. Se escapa al pensamiento y la razón.

Por eso, aquí y ahora, mientras te hablo, no puedo evitar sentir que traiciono el mensaje del sufismo, separando unas cosas de las otras con el tiralíneas del lenguaje, embalsa-mándolas con la mente. Y ya se sabe que, en ciertos temas, meter la cabeza es peor que meter la pata.

Así que hagámonos conscientes desde ahora de que el conocimiento racional o libresco es muy limitado. Y que siempre se presenta apoyado sobre una base mayor, que lo abraza y le dota de sentido, y que, por eso mismo, escapa a sus métodos y razonamientos. Todo texto tiene un contexto, todo logos tiene un mito, toda premisa tiene un axioma, toda lógica tiene un dogma, y toda razón tiene un corazón —por utilizar el feliz hallazgo del filósofo español Andrés Ortiz-Osés.

Así que podríamos afirmar que el sufismo es una for-ma de conocimiento que abarca la razón, pero que va más allá de ella, la trasciende y la incluye —y, por eso mismo, la dota de sentido—. La «razón» está dentro del sufismo, envuelto por él, y no el sufismo dentro de la razón. No es casual que el sufismo se conozca como «el camino del Corazón».

Pero no del «corazón» con *c* minúscula entendido como el mero sentimentalismo rancio con el que se suele confun-dir en nuestra época, sino con *C* mayúscula, como metáfora privilegiada de la totalidad de lo que somos. El Corazón es el centro de nuestro ser, que por lo tanto integra y unifica todas sus dimensiones: lo mental, lo emocional, lo energé-tico, lo instintivo...

En el sistema de Gurdjieff —ese criptosufí—, sería algo así como el Centro Emocional Superior. Y en este sentido, el Corazón es el verdadero órgano de la inteligencia, porque es el que tiene la «conexión» con los cielos. Bluetooth directo con la divinidad. Si sabes acallar la mente y escuchar al corazón, te llegará el *e-mail* de Dios.

Y si llevas mucho tiempo sin rezar ni meditar es posible que tengas llena la bandeja de entrada y ni siquiera te hayas dado cuenta.

Si me permites seguir con esta metáfora, la mayoría de las neurosis del mundo moderno podrían describirse como poner esos *emails* en la carpeta de SPAM, como si no importaran o fueran propaganda inútil, en lugar de responder inmediatamente.

Lo que, al final, pasa factura.

## CUENTO DEL SULTÁN Y EL VISIR

En cierto sentido el corazón incluye la cabeza y a la vez se opone a ella. La cabeza divide y el corazón une, la razón analiza y la co-razón sintetiza, la lógica separa y el amor junta. La «información» es dual, múltiple y contradictoria. Para razonar primero tenemos que diseccionar, separar piezas, dibujar diagramas, elevar fronteras. Pero para amar no tenemos que hacer nada. El corazón tiende puentes en vez de muros. El corazón de los muchos hace uno, y la cabeza del uno hace muchos.

Por eso se dice que la mente es un buen esclavo, pero un mal amo. Si tengo un problema concreto que quiero solucionar, entonces sí, me pongo a pensar y programo los medios necesarios para llegar a un fin. Pero no puedo vivir en la «mente» o desde la «mente», haciendo del mundo una experiencia fragmentaria que acabará por devorarme.

En el sufismo se expresa esta misma idea, diciendo que el corazón es el sultán y la cabeza el visir que le obedece. Si se subvierte el orden, y el visir da un golpe de estado, deja de fluir la *barakah*, la bendición, que siempre viene del centro, del corazón.

La bendición del sultán, como la sangre en el cuerpo, llega a todos los rincones del reino y los vivifica. Si no hay sultán, no hay «reino», solo burocracia. Como les ocurre a los muy «mentales», por ejemplo, los obsesivos: todo son protocolos continuos que no llevan a ninguna parte.

Una película totalmente realista que lo expresa a la perfección es *El Rey León*. Solo cuando gobierna el rey legítimo hay fertilidad y abundancia. El rey es el corazón. Y el malvado león, Scar, es la cabeza dejada a sí misma, el *ego* de las bajas pasiones (*nafs al ammara*) y sus sueños de gloria y ambición.

De alguna manera, esto es así porque hay algo que la razón nunca podrá hacer: decirnos cuál es el fin en sí mismo. Esa es la tarea del corazón.

La razón (el visir), en todo caso, puede deducir cómo seguir el camino, pero no cuál es el camino a seguir. Es incapaz de orientarse a sí misma. Carece de norte, dirección y sentido. En lenguaje sufí diríamos que no tiene *quibla*. Está necesitada de guía (*hidaya*), no puede autoguiarse.

Un ordenador es capaz de cumplir perfectamente con su programa. Pero hay algo que no hace y nunca podrá hacer: programarse a sí mismo. Por eso la razón dejada a sí misma es monstruosa.

## ROBBIE, EL ROBOT

Voy a hablarte de una persona. Un antiguo conocido que muy posiblemente tuviera síndrome de Asperger. Es decir, un autismo muy leve, subclínico; o al menos algo muy parecido a las manifestaciones más suaves del espectro del autismo. Carecía por completo de empatía, y no sabía —o no quería— lidiar con su mundo emocional.

Dicho en palabras que todos podamos entender: «era el puto señor Spock».

Él mismo se había hecho el propósito consciente de encajonar y catalogar todo su mundo en presupuestos lógicos, como una especie de reencarnación de (el primer) Wittgenstein (y digo Wittgenstein, por no repetir lo del puto señor Spock, que no me gustan los tacos).

Algunos de mis amigos, de manera bastante cruel, le llaman «Robbie, el robot», que acabó por apocoparse en «Rob» o «Bot», y por cercanía fonética, al final: «Bob».

El hecho de que Bob pretendiera descifrarlo todo mediante razonamientos mentales tenía una «graciosa» consecuencia: cada dos por tres se ahogaba en vasos de agua. Muchas veces era incapaz de resolver las situaciones más cotidianas, se sentía sobrepasado por la vida. Y eso a pesar de que su inteligencia lógico matemática, lo que llaman los psicólogos factor G o CI —cociente, ¡qué no coeficiente!, intelectual— era elevadísima.

No se había conformado con las capitales, sino que se sabía de memoria los datos más relevantes de todos los países del mundo. Si le preguntabas la población o el partido de gobierno de, no sé, Antigua y Barbuda, ¡lo sabía! Era una manera, bastante ineficaz, por cierto, de intentar el imposible: situarse, desde la lógica bruta, en el mundo del sentido.

Como te decía arriba, las situaciones más normales le descolocaban por completo, especialmente si implicaban tomar algún tipo de decisión; ya que, en el fondo, y excepto en contextos muy específicos, como una partida de ajedrez, no se puede decidir casi nada de manera exclusivamente racional. Porque no somos seres racionales en primer término, sino seres cordiales (de cordis- corazón), es decir, seres simbólicos o espirituales, si prefieres llamarlo así.

En esos días (y han pasado muchos *salats* y telediarios desde entonces), a veces íbamos a cenar a un chino con Bob. La mayoría de las veces se quedaba minutos y minutos escondido detrás de la enorme carta de platos sin decir ni una palabra, totalmente bloqueado (o, en una metáfora más exacta: cortocircuitado).

Al cabo de un rato (laaargo rato) alguno de nosotros le miraba y se interesaba por él, solo para descubrir algo muy desazonante: estaba llorando en silencio, parapetado detrás de la carpetilla del menú.

Cuando le preguntábamos qué le ocurría, nos decía literalmente que la situación le desbordaba: había tantas posibilidades que era incapaz de elegir una. «Te desbordas en forma de lágrimas», le dije una vez... Pero él no entendía las metáforas.

Bob no sabía «desde qué criterios decidir» (palabras textuales). Estaba colgado como un ordenador en un bucle infinito, si le mirabas a los ojos se podía ver la flechita de sus Windows mentales dando tirones.

Como yo ya era el psicólogo (en ciernes) del grupo, solía probar estrategias para calmarle y reconducirle desde el universo de los seres mecánicos al de los orgánicos. La primera vez, intenté explicarle que no podía tomar una decisión así desde la cabeza, sino que tiene que hacerlo desde las tripas o desde la boca.

Así que, le dije:

—Bob, hazte esta pregunta a ti mismo: ¿Qué quiere comer mi lengua? ¿Qué le apetece saborear?

Y entonces Bob me miró con cara de cordero degollado y me dio la misma respuesta que el asistente de Google:

—No entiendo tu pregunta.

Lo único que funcionaba un poco era decirle que la decisión no era relevante, por lo que podía permitirse cierto margen al error. Importaba más su salud mental, le explicábamos, que elegir el plato perfecto, de tal manera que, si se equivocaba, no había problema, podía compartir su plato o tirarlo a la basura y pedir otro, y solo perdería unos pocos euros que, casi con toda seguridad (aunque, según el día, era difícil convencerle de esto) no iban a suponer ningún cambio significativo en su vida futura.

Así le tranquilizábamos un poco. Pero, como él mismo nos hacía notar, no solucionaba el problema principal: qué plato elegir. Hasta que, a mí, que me encanta la programación (cada uno tiene sus vicios), se me ocurrió plantearlo así:

—Haz una función aleatoria. Si quedan diez platos, descartando los que sabes a ciencia cierta que no te gustan o que te pueden sentar mal, construye una variable aleatoria A entre uno y diez y cómete el resultado.

—O sea —me dijo Bob—, ¿me estás sugiriendo que me pida un Plato X, siendo X = Random (A) y siendo A la variable de todos los platos que me podrían gustar?

—¡Exacto Bob! —le dije.

—¡Qué bien! —me respondió—. ¡Al fin decís algo que se entiende!

Acto seguido se pidió un *chop suey* de pollo. ¡Y le encantó!

Bob, por cierto, era un gran escritor de artículos, pero le pasaba lo mismo que con el restaurante chino. No sabía de qué escribirlos. Por eso siempre tenía un mejor amigo o una pareja (era *gay*) que le dijera qué escribir. Y luego él ya se ponía a ello.

Emparejarse era una necesidad primaria, como respirar. No podría sobrevivir mucho tiempo en el mundo social sin un complemento humano que le señalara el núcleo, es decir, que tomara por él la decisión esencial, que le instalara el sistema operativo.

Las épocas en que no tenía novio, era como si se deshilachara, no sabía quién era ni qué quería en la vida, por lo que quedar con él era realmente desesperante, como hablar con Alexa o Cortana sin configurar.

En definitiva, Bob podía hacerlo todo (y muy bien) excepto una cosa, la más humana de las cosas: ser él mismo. Bob carecía de identidad propia. Toda su personalidad era un enorme y paradójico montaje para desconectar su verdadera identidad. Era como Pinocho. O mejor, como el hombre de hojalata, carecía de «corazón». Lo tenía todo menos «El Todo».

¿Qué tiene que ver todo esto con el sufismo?

¿Y a mí me lo preguntas?

Sufismo eres tú.

## INTELIGENCIA Y EMOCIÓN ARTIFICIAL

Como le pasaba a Bob, la razón desatada, dejada suelta —sin co-razón— naufraga, se agota, se devora a sí misma, implosiona. La mayor parte de la filosofía y epistemología del siglo XX —desde la deconstrucción a las filosofías del lenguaje, desde los existencialismos a los relativismos, desde el psicoanálisis al nihilismo— apuntan en esa dirección. Si caminamos el sendero, rectilíneo y uniforme, de la lógica racional, acabaremos en un callejón sin salida, en una vía muerta.

El conocimiento mental, la razón «raciocinante», por sí sola, no basta ni para pedir un *chop suey* —¿Cómo lo pediríamos, de pollo o de ternera? ¿Desde «qué criterios» elegimos «los criterios» para pedir, como se atormentaba a Bob?).

Bob le hubiera encantado al neurólogo Oliver Sacks. Y algunos de sus casos me lo recuerdan un poco. Si se desconecta el límbico, es decir, «la sede» de las emociones

—aunque yo no creo en esos mitos, pero para que me entendáis—, las personas se vuelven incapaces de hacer nada en la vida, aunque su lógica cognitiva-racional permanezca intacta.

Y, permitidme que vuelva a mi monotema, pero este es solo uno de los motivos por el que el término «cognitivo» o «cognitivo-conductual» mata la psicología. Que casi estoy tentado de decir que empieza, precisamente, donde acaba lo «cognitivo-conductual» . Porque el ser humano —lo más genuino, nuclear, relevante y palpitante de lo humano— no se puede pesar ni medir

En cualquier caso, y como es obvio, lo cognitivo es lo más superficial e irrelevante de lo psíquico; como saben todas las escuelas psicoanalíticas, humanistas, transpersonales, etc. menos la cognitivo conductual (que se jacta de ser una escuela de superficie). Aunque ellos lo ignoran. E ignoren hasta su propia ignorancia.[12]

Por eso, aunque tal vez sea viable una «inteligencia artificial», nunca será posible una «emoción artificial». Y no digamos nada una «espiritualidad artificial».

No se puede construir un sistema de ideas, una ideología, que no se asiente en dogmas previos, en asunciones y prejuicios que no pueden ser demostradas desde los supuestos del mismo sistema. A no ser —como suele pasar— que sea una ideología tautológica, es decir, circular y autorreferencial

..............................

12. Ahora ya no soy tan crítico. Al menos, lo hubiera expresado de otra forma, más amable. El abordaje *co-co* (cognitivo conductual), como todos, aporta algo valioso pero limitado. Es decir, es válido siempre que no pretenda ser exclusivista, y agotar totalitariamente lo humano en un único enfoque o ser la única o la mejor escuela… lo que nos llevaría de vuelta al problema de la "religión verdadera".

como una pescadilla que se muerde la cola y que, por lo tanto, no aporta nada.

Como la psicología cognitiva, por cierto, que se define como la psicología de los procesos mentales. Siendo mente el conjunto de procesos cognitivos. Claro, ¿verdad?

El sueño de la Ilustración es inviable. Empezando por Kant. Y, de verdad que os pido perdón, ya que uno de mis anteriores editores me decía, posiblemente con buen criterio, que cada vez que nombrara a Kant perdía cien lectores.

Pero se ve que no aprendo. Porque no me resisto a contaros algo sobre el filósofo prusiano (que conste que no he dicho Kant). Serán solo un par de párrafos y si no lo entiendes, tampoco pasa nada. Sigue adelante y *point*.

Para Kant, solo una proposición universal y necesaria, que aporte información nueva (es decir, que no sea tautológica) sería digna de ser llamada «científica». Kant bautizó a estas expresiones como juicios sintéticos *a priori*, que son, repitámoslo, los que aportan una información universal que no está contenida en el sujeto, como en los juicios analíticos tipo «los cuerpos son extensos» (que son tautológicos, circulares, es decir que no aportan nada, el predicado solo explica el sujeto, lo definido está dentro de la definición).

Pero lo siento. El filósofo de Königsberg —guiño, guiño—, a pesar de hacer malabarismos conceptuales, no puede salir de la trampa que se ha tendido a sí mismo. Ya que los juicios o son analíticos (circulares), o no son universales ni necesarios.

Aunque reconozco que de esto es fácil darse cuenta, ahora, en pleno siglo XXI. Los juicios, repito, o son autorreferenciales (analíticos) o son *a posteriori*, es decir, necesitamos una experiencia concreta para formularlos (por lo que no son necesarios ni universales).

No te aburro más con esto. Si quieres profundizar, mírate la epistemología de la segunda mitad del XX, sobre todo, a Feyerabend y al español Luis Cencillo.

E, insisto, no te preocupes si no has entendido nada; simplemente quería hacer notar mis años de Filosofía y quedar bien. De hecho, si has entendido algo de lo que es el sufismo, sabrás que es mejor no haber entendido nada.

¿Estamos?

## MORIR POR MIS IDEAS

Lo que quiero decir es que ni siquiera la lógica o las matemáticas, las más «duras» de las «ciencias duras» —estas últimas serían los únicos juicios sintéticos a priori posibles en lenguaje kantiano— pueden sustentarse a sí mismas como sabemos por el trágico proyecto logicista (Russell, Gödel, Frege, etc.), que a pesar de fundarse en la lógica formal es una de las historias más emocionantes que hay —y, si no, que se lo digan a Bob.

De hecho, al percatarse de la imposible verdad de que ni la lógica ni las matemáticas son completas, es decir, no pueden sustentarse a sí mismas —sin recurrir a dogmas o axiomas—, a un «lógico» —que ha dedicado su vida a este proyecto— solo le quedan dos caminos: o abrir el corazón —chungo para un lógico— u otro mucho más racional, el suicidio, como muchos de ellos se plantearon.

Menos mal que Bertrand Russell les dio el argumento perfecto para no hacerlo cuando, muy sensatamente, dijo: «Nunca moriría por mis ideas, podría estar equivocado».

Y es que, si somos sinceros y radicales —y perdonadme la burrada que voy a decir—, el suicidio sería, probablemente, la conclusión más lógica para aquel que siga el camino de la lógica tipo Spock, sin un contrapeso emocional.

Es el destino más razonable de la razón. Razones no me faltan.

Hay una prueba empírica de lo que digo. Y es que cada dos por tres teníamos reuniones con Bob —en torno a una botella de whisky barato, que era la elección más apropiada en términos de eficacia— para intentar convencerle de que no se suicidara. Y la verdad es que comprendo perfectamente que quisiera bajarse de un mundo que él no entendía y que tampoco le entendía a él. Porque, de alguna manera, su proyecto era —como el de Russell— completamente logicista. No tenía acceso al lenguaje del corazón.

Y, créeme, si ya era realmente difícil encontrar criterios para elegir el postre —al final, por miedo al error, pedía flan con nata con nueces con plátano frito, ¡lo juro!—, mucho más chungo era encontrar argumentos fuertes para seguir vivo, sobre todo, siendo un «robot».

Lo que pasa es que, en el fondo, incluso Bob, aunque no se percatara de ello, actuaba de manera emocional —posiblemente más que ninguno de nosotros—. Era tan «frío» porque no podía soportar su propia emocionalidad. Y en algún momento, muy temprano de su vida, decidió guardar su alma en una caja fuerte.

Por eso, un día podía llegar a una conclusión y otro día a la contraria. Porque no pensamos desde la lógica y para la lógica, sino desde nuestros estados de ánimo siempre volátiles. Y lo que un día me parece blanco, al día siguiente me parecerá *chop suey* o helado frito.

Por cierto, que otra de las cosas que le pasaba al bueno de Bob, es que estaba siempre mentalmente fatigado. Y no es para menos. Si tu pretensión es catalogar la realidad y ordenarla alfabéticamente —y no es un decir—, estar exhausto es lo más razonable que puedes estar. Agotado y «egotado».

Y más para Bob, que era documentalista y bibliotecónomo vocacional, si un día quedabas con él en tu casa y te despistabas un poco, iba el tío y te ordenaba la biblioteca según el criterio más lógico.

Era su forma de devolverte el favor que le hacías cuando le sacabas de un aprieto mortal, como, por ejemplo, decidir si debía o no suicidarse esa noche o si tomaba el café solo o con leche. Grandes dilemas morales.

El Corán, por cierto, nos habla de esto, de la imposibilidad de comprender la creación solo con la mente. Te copio, por ejemplo, este versículo que parece escrito para Bob —y, ¿por qué no?

> **Él es Quien creó siete cielos superpuestos. No verás ninguna imperfección en la creación del Misericordioso. Vuelve la vista y observa, ¿acaso ves alguna falla? (67/4) Luego vuelve la vista por segunda vez y tu mirada volverá a ti cansada y derrotada.**

Como la de Bob.

# PSICOLOGÍA SUFÍ
# Y MEDICINA UNIVERSAL

## ¡LA INCREÍBLE MÁQUINA DE GENERAR MUNDOS!

Y hablando de Robbie, el robot, ¿te has fijado que dentro de ti hay una maquinita que funciona sola, que se pasa todo el día —incluso mientras duermes— emitiendo juicios, pensamientos, estados emocionales, deseos y sentimientos que pretenden suplantar la (insuplantable) realidad?

> **Nota: La realidad intentando regresar es lo que constituye los síntomas psicológicos, por lo que, en la mayoría de los casos, son un «síntoma» de salud y no de enfermedad. Sigamos.**

Obsérvate y verás que a cada momento tu cabeza te mete en una nueva película. Aunque sea la película de salir de la película… Yo lo llamo «Radio *Ego*», siempre en línea, 24 horas de emisión continua. *Non stop.*

Y, ¿cuál es la programación de Radio *Ego*? Pues, en cierto sentido, no es muy diferente a la de cualquier otra cadena. Su función es entretenerte, distraerte —y muchas otras cosas que empiezan con dis- o des- como descentrarte, desconcentrarte, desconectarte, etc.—. O sea, enredar y hacer olas para que no puedas ver el fondo.

Es como la propaganda o el cine oficial de un régimen dictatorial —o, en el fondo, de cualquier régimen político o ideológico—. Te cuenta, una y otra vez, tu propia historia, pero previamente censurada, ajustada y guionizada según las necesidades narcisistas de tu *ego*. Es el NODO de ti mismo.

Ahí es donde literalmente VIVIMOS —casi sin darnos cuenta— Somos rehenes de la maquinita. Llevamos tanto tiempo viendo la película que nos hemos olvidado de nuestro verdadero ser. Como los presos de *Matrix* o los de la caverna de Platón —que habría flipado con la metáfora del cine—, tomamos las ilusiones por reales. La moviola siempre está girando. Y la «disidencia» que quiere subvertir ese orden para liberarnos son los «síntomas psicológicos».

Esto, en la tradición islámica y sufí, es la consecuencia de una condición que se llama *gaflah*, un estado de negligencia espiritual, de indiferencia a lo esencial, y en cierto sentido también de ignorancia (*yahiliyia*). Algo muy parecido a lo que el budismo llamaría *avidya*.

El ser humano, nos dice el Corán, ha sido creado así, «en pérdida de sí mismo», y con tendencia al olvido, a la ilusión y al autoengaño —para que Dios pueda manifestar sus atributos de guía, perdón y misericordia... pero eso es otro tema.

La raíz trilítera de InSaN («ser humano») es la misma que la de olvido. El ser humano es, literalmente, el amnésico, el olvidadizo —por eso, volviendo a Platón, está necesitado de *an-ámnesis* o, en árabe, *diker*—. ¡Qué mágica es la lengua del profeta!

El que está en *gaflah*, vive sin habitarse, dormido, distraído y esclavizado por las inercias y las turbulencias del ego. Pasa por el mundo con el piloto automático, en modo zombie.

Y el que está en *yahiliya* («ignorancia») está aún peor. Por no saber, no sabe que hay un estado de *Gaflah* (olvido de sí) y otro de *diker* (recuerdo de sí). No es que no encuentre la salida del laberinto —que está en su mismo centro—, es que ni siquiera se percata de que está extraviando. Varado en la periferia de sí mismo, ignora hasta su propia ignorancia —como los psicólogos cognitivo conductuales, recuerda.

En un lenguaje más psicológico, el *gaflah* es la mecanicidad, las reacciones inerciales y automáticas negativas que nos alejan constantemente de nuestra esencia, velando el alma y el corazón. El *gaflah* es nuestro mundo de proyecciones inconscientes, nuestras neurosis y nuestras falsos *egos* e identidades —la «maquinita» que funciona sola.

Por eso necesitamos una herramienta, pico y pala espiritual, para ir cavando más y más profundo, entre las capas de herrumbre, óxido y basura que se han ido acumulado encima de nuestro corazón —Radio Ego solo emite tele basura.

Eso es el *diker*, el intento de volver ahí, a nosotros mismos. O sea, a la divinidad que queremos recordar. Ya dice el hadiz del profeta —con el frontispicio del oráculo de Delfos y toda la sabiduría universal—:

> **El que se conoce a sí mismo, conoce a su Señor.**

## TODOS LOS NIÑOS SABEN REZAR

Si todo esto es así, y lo es, la pregunta es evidente: ¿Por qué necesitamos «Radio *Ego*»? ¿Somos una criatura tan extraña que tiene que engañarse incluso a sí misma?

La respuesta de la psicología sufí es que gran parte de personalidad es, en cierto sentido, una ilusión. El yo es un «falso yo», un gran mecanismo de defensa, una pseudoidentidad que hemos ido generando, de manera más o menos inconsciente, para defendernos del dolor, el miedo, el abandono y la muerte.

En una imagen un poco más cruda, el ego es la costra de una herida sangrante que ha ido depositando capas de personalidad —la «basura» de Radio Ego— sobre el espejo puro del corazón, nuestra *fitrah*.

Y la *fitrah* es nuestra verdadera naturaleza, el estado original del ser humano. Por eso en el islam no hay «bautismo». No nacemos en pecado sino en *fitrah*, puros y conscientes de Dios, recordando nuestro origen —que es divino—, en incesante *diker*.

La prueba: todos los niños saben rezar de forma espontánea, que es algo que luego, cuando crecemos, tenemos que abandonar activa y dolorosamente. ¿Te acuerdas (*diker*) de aquellas oraciones infantiles que elevabas al cielo con todo tu corazón? ¿Verdad que sí?

Puede que te resulte incluso un poco doloroso. No hay nada peor que la pérdida de esa conexión que ha sido (y es) el centro de nuestra vida (y de toda vida), lo más real y auténtico, lo único por lo que, a decir verdad, merece la pena vivir. Y lo que más duele perder. Duele tanto, pero tanto, que parte del proceso es anestesiarnos para no darnos cuenta. Y aquí es donde entra en juego radio ego con su universo de ilusión y distracciones a la carta.

Crecer debería ser justo lo contrario: la profundización consciente en la pureza que somos. Pero, por desgracia, suele consistir en la lenta y dolorosa construcción de todo un sistema de *gaflah* y *yahiliyah*, es decir, de ignorancia espiritual.

Por eso, el mejor antídoto para los males de nuestro tiempo es el RECUERDO (diker), el desvelamiento de lo que verdaderamente somos, para recuperar el vínculo interior que todos (absolutamente todos) tenemos con el Espíritu.

El Recuerdo del Corazón (*diker*) es la llave de la eternidad, el código pin del wifi de Dios. Luego, más abajo en este capítulo, te pasaré la contraseña. Estate atento.

## PERFIL DE FACEBOOK DE RADIO EGO

Hay un ejemplo perfecto para entender esto del ego y del corazón. Un ejemplo que es una de las pocas cortesías que el siglo XXI ha tenido con nosotros. Se trata de las redes sociales.

¿Qué es un perfil de Facebook? Un conjunto de imágenes e ideas que vamos construyendo de cara a la galería (perfil SOCIAL), con esmero y dedicación, para ser aceptados y queridos por los demás, para no sentirnos solos ni rechazados. Y, por supuesto, para demostrar al mundo que somos un poquito mejores (o distintos) que los demás.

El Facebook engorda y se alimenta con lo mismo que el ego: las reacciones, sobre todo, los *likes*. Y tiene mucho de Photoshop: maquillamos la realidad para publicar solo las partes que nos gustan de nosotros mismos, más preocupados por la imagen que queremos proyectar, por la decoración del escaparate, que por lo que de verdad somos.

Pero la realidad no puede ocultarse. Con una mirada psicoanalítica siempre se manifiesta lo negado, la «sombra» rechazada que consciente o inconscientemente queremos ocultar.

Por eso, estas «redes sociales» enganchan tanto y generan tanto sufrimiento (no me dirás que no), porque reproducen, casi milimétricamente, el funcionamiento de nuestro narcisismo y de nuestro *ego* más neurótico. ¡*Like*, si estás de acuerdo!

Nada de esto quiere decir que haya unos señores muy malos con puro y bombín conspirando para mantenernos idiotizados (que puede que los haya, no te digo yo que no), sino que las redes triunfan tanto precisamente por su resonancia con los aspectos más oscuros de nosotros mismos.

Es como si el objetivo último y real de las redes —aunque no sea la intención primera que las concibió— sea mantenernos desatentos y frustrados, distraídos de lo esencial, en *gaflah*, que, como ya vimos, es una de las principales misiones del *ego*. ¡Qué majete!

Si te ha interesado mi discurso y quieres más, no dudes en seguirme en Facebook, Twitter e Instagram. Y, sobre todo, busca mi canal de YouTube: *Psicología y Espiritualidad*.

Mi *ego* te lo agradecerá.

## EL ORIGEN DEL MAL: ¡LA TERRIBLE SINÉCDOQUE!

Ojo, cuando hablo de *ego* (en este contexto), no me refiero a la construcción de un yo sano, sólido y fuerte que es esencial para el camino —y todos los maestros lo tienen—, sino a nuestro ego-ismo, o ego-centrismo. Es decir, a la identificación parcial con un aspecto de lo que somos (el «perfil de Facebook»), en vez de con la totalidad. En este sentido, el *ego* ocupa el lugar de lo que en la tradición se llama un ídolo.

O, dicho de otra manera, el «yo» sano sería la identificación con el todo de lo que somos y el «*ego* neurótico» la identificación con una parte —necesariamente falsa, edulcorada y maquillada— que quiere usurpar el lugar del todo. Esa «parte» es la que «publicamos» en el perfil de Facebook de Radio *Ego*.

Para eso, el *ego* tiene que dar «un golpe de estado» interior en toda regla y exiliar de la conciencia todo eso que también somos —la sombra— pero que no queremos reconocer de nosotros mismos. De ahí viene la sensación, que muchos experimentamos, de estar siempre en una continua guerra civil.

Lo malo es que el alma no se puede dividir: junto con la sombra rechazada, también se exilia el propio corazón. Por eso nos sentimos «vacíos», porque nos identificamos con una «parte» de lo que somos (el *ego*), en lugar de con la totalidad.

Como he señalado en mi anterior libro (*Las Enfermedades Mentales No Existen... Son Los Padres*) este mecanismo de «tomar la parte por el todo» lo podríamos llamar **sinécdoque**. Y es uno de los infinitos nombres del maligno. Está en la base de todas las problemáticas individuales y sociales.

Como sabemos los que hemos trabajado con el psicoanálisis, el problema son los aspectos no reconocidos que, sin que nos demos cuenta, acaban controlándonos. Como el *ego*.

En el sufismo se considera que el *ego* o el sí mismo o el alma (*nafs*) tiene varios tipos o niveles reconocidos en el Corán. Este del que hablamos todo el tiempo, el *ego* como aspecto parcial que quiere usurpar la totalidad, sería el *nafs al ammara*. Que suele traducirse como el «*ego* que ordena el mal».

«Ordena el mal» por su propia naturaleza, porque tiene que defender una posición indefendible: la de que él es el único soberano. Y eso ES el Mal por definición, una sinécdoque: tomar la parte por el todo. Dividir (*dia-bolo*) la realidad e identificarse solo con un aspecto, tomándolo como absoluto (*shirk*).

El *nafs* (~*ego*) también es psique o mente, lo que encaja muy bien con ciertas concepciones budistas del alma (ya hemos hablado de la increíble polisemia de las palabras árabes). La «iluminación» sería salir de la hipnosis del *nafs*, de la identificación parcial con «uno mismo» para identificarse con el todo, con al absoluto, con la divinidad...

O sea: «*la ilaha illa AlLah*».

## EL SHIRK

En el islam no hay «pecados». La palabra que se mal traduce como tal suele ser *dhunub*, que más bien significa un error del que eres consciente y del que, en el fondo de ti, sabes que, cuando quieras —con la asistencia divina— puedes salir.

Pero, digamos que, metafóricamente hablando, el único «pecado mortal» islámico sería el *shirk*, la idolatría. Es decir, tener otro Dios distinto de Dios, tomar lo relativo por absoluto, la parte por el todo, hacer sinécdoque.

«Egocentrismo» o «egoísmo» sería, precisamente (incluso etimológicamente), poner mi *ego* en el centro, para quitar a Dios. O sea, construir un ídolo, hacer *shirk*.

Y, esto no es una extraña interpretación sicologista o «sufí», sino que aparece incluso en el Corán:

> **¿Acaso no reparas en aquel que sigue sus pasiones como si estas fueran una divinidad? Dios decretó por Su conocimiento divino que se extraviaría, y por ello selló sus oídos y su corazón, y puso un velo sobre sus ojos. ¿Quién lo puede guiar fuera de Dios? ¿Acaso no recapacitan?**

Ya hemos dicho que tomar la parte por el todo, la sinécdoque o *shirk*, es el fundamento de toda enfermedad, física, psicológica, social o espiritual. Y esta debería ser la base de cualquier medicina del futuro: tener en cuenta todos los elementos en juego sin privilegiar ninguno (no tomar la parte por el todo), e intentar armonizar todos los elementos en una unidad mayor.

Por eso, la religión es a la vez un veneno y una medicina. Veneno si se toma como un fin en sí mismo y lo que importa es rezar de una determinada manera y la pertenencia a un «club» exclusivo. Y medicina si se entiende como un medio para llegar al Fin, que es la divinidad. Una vez más, las problemáticas de la religión vienen de la sinécdoque.

O, como demuestra Mardía Herrero, en su fantástico libro *Cómo Santa Teresa me acompañó al sufismo*:

> Islam es ser realista, poner cada cosa en su sitio. Eso es también la salud (*aslam*). Que curiosamente (así es el árabe) es la misma raíz trilítera de islam, y de *salim* (integridad, algo que está entero). Y que esté en paz (*salam*).

Fíjate como lo entero, o sea lo sano, o sea el islam, es justo lo contrario a lo enfermo, o sea lo parcial o sea la sinécdoque.

¡Alucinante!

## UN (BREVE) EJERCICIO SUFÍ.

Déjame mostrarte cómo funciona.

¡Lleva, ahora mismo tu atención a las plantas de los pies!

*Voilà*, de repente tienes algo que antes no tenías, En concreto, pies. Es como si mis palabras hubieran iluminado dentro de ti una nueva zona de experiencia. Puedes sentir el tacto del calcetín, la posición de tus plantas, la ligera presión del calzado y un montón de cosas más que hace un momento estaban ahí —siempre han estado ahí— pero que fuimos olvidando (*insan*).

Con los pies es fácil. Porque esa experiencia es preconsciente. Tus pies están en la punta de la lengua de la consciencia. Pero hay sensaciones, partes de nosotros mismos que se han hundido mucho más profundamente. Tanto que no podemos encontrarlas ni, aunque las busquemos.

Ahora vayamos un peldaño más allá.

Dirige tu atención al centro de tu corazón, a tu alma o a tu esencia. ¿Ok? Si lo haces bien, debes de notar un montón de cosas buenas, una sensación de dulzura chisporroteando dentro de ti, o un fuego ardiente que no quema, o una apertura ilimitada…

Si no te ha salido, siento decirte que, como buen hijo de tu tiempo, has extraviado el corazón. Te has perdido a ti mismo, te has desconectado de tu mundo interior.

Si es así, vives en la superficie del Ser. Eres un náufrago psicoemocional cuyos estados de ánimo se van sucediendo solos, a merced de los elementos sin control de tu conciencia. Eres la maquinita que funciona sola. Tu vida es el NODO de ti mismo.

Por eso, en psicología sufí suele distinguirse entre la esencia (la *fitrah*, lo que de verdad somos) y la personalidad (el *ego*, con la que falsamente nos identificamos). La primera es divina, la segunda humana. Además de que la primera es primera (absoluta); la segunda es segunda (relativa). La primera es el Todo, la segunda la Parte (un ídolo).

Normalmente estamos tan atrapados en las redes y las ilusiones del ego que no tenemos noticia del corazón. Está tan profundamente olvidado (*insan*) que ni siquiera nos damos cuenta de que lo hemos perdido. Lo que nos lleva a creer, erróneamente, que somos «solo eso».

Esta sinécdoque, como vengo explicando, es la raíz última del dolor emocional de nuestro tiempo, ya que no podemos vivir humanamente siendo «solo eso». Algo muy profundo dentro de nosotros tiene sed de eternidad y de sentido. Y si no, nos marchitamos en una vida que da la sensación de no merecer la pena.

Por suerte, hay un remedio. El corazón sigue ahí, intacto y brillante debajo de la basura.

Solo hay que saber dónde buscar.

## EL DIKER. RE-CUERDO DE AL-LAHH

Si el que está en *gufluh* es el que habita el olvido, lo que necesita es la medicina del recuerdo, el *diker AlLah* que, si me permitís ponerme un poco cursi, es el batiscafo de nuestras profundidades abisales y el globo sonda de nuestras alturas espirituales. La excavadora metafísica para llegar a lo más hondo y el cohete espacial para llegar a lo más alto. Todo en uno.

En una sociedad crónicamente desatenta y galopantemente despistada, el *diker* es el mejor psicofármaco (medicina para el alma, literalmente) que se me ocurre recetar.

Eso sí, tiene un efecto secundario: puede que alcances la paz y la felicidad en tu vida. Así que consúmelo bajo tu entera responsabilidad, no vaya a ser que «te cures» y que ya no tengas nada de lo que quejarte.

Luego no me eches la culpa a mí.

Profundicemos, tirando, como siempre, de la polisemia del árabe. *Diker* significa a la vez recuerdo y recitación.

Recuerdo a través de la recitación. Pero, ¿recuerdo de qué? Pues de qué va a ser, de nuestra verdadera naturaleza (*fitrah*), de lo que realmente somos, más allá del ruido y las distracciones del *gafla*.

El *diker* es la puerta de acceso al corazón del derviche que, para el sufí (en realidad, para cualquier musulmán es decir, ser humano), es el asiento mismo de la divinidad, la verdadera casa de Dios.

Luego el *diker* es la invitación que nos hace Dios mismo para acercarnos a él por la vía directa. *Diker* es recordar a Dios (que todo lo coloca en su sitio), *gafla* es el olvido (que todo lo descoloca).

El *diker*, es, por lo tanto, el recuerdo a través de la recitación de nuestro verdadero ser, de nuestra divinidad interior. Es la lija perfecta para pulir el espejo del corazón. Como dice un *hadiz* del Profeta:

> **Para todo hay un pulido y el pulido para el corazón es el *dikr* (recuerdo) de *Al-Laah*.**

Por cierto, que la etimología castellana sale una vez más en nuestra ayuda, ya que, en castellano, también recuerdo (*diker*) es recuerdo, *recordis*, volver al corazón.

Si escuchas atentamente, verás que *Al-Laah* ha puesto un recuerdo de él mismo en el corazón físico que está, como todo en la creación en permanente estado de *diker* o adoración a su Señor. Por eso recita en cada latido *Al-Laah*.

Sístole. *Al...* Diástole. *Laah...*

Y eso quiere el derviche, que el corazón y el Corazón, conscientemente y para siempre, en cada latido diga *Al-Laah*.

Por todo esto, y mucho más, la recitación salmodiada del nombre de Al-Laah (o de cualquiera de sus más bellos atributos) es una de las principales prácticas sufíes.

## PRACTICAR EL RECUERDO

Te propongo un ejercicio.

Deja todo lo que estés haciendo en este momento (o sea, leer), siéntate tranquilo (y sigue leyendo).

Relaja el cuerpo y focalízate en tu respiración, pon la intención (¡la intención, siempre la intención!) de conectar tu corazón con la presencia amorosa, compasiva e infinitamente sabia de la divinidad, haz una oración que te conmueva (por ejemplo, el Padre Nuestro) y empieza a recitar internamente el nombre de *Al-Laah* como un pulso: *Al* (sístole), *Laah* (diástole) acabado en una aspiración como soltando el aire, la fluidez del neuma, el sonido del *ruh*, el *prana*, el aire-espíritu.

Recuerda a Dios en tu corazón. En lo más profundo de tu alma. Y repite su nombre. Recita (*diker*), una y otra vez. Y otra vez, y otra vez...

> **Al-Laah. Al-Laah. Al-Laah. Al-Laah. Al-Laah. Al-Laah. Al-Laah. Al-Laah. Al-Laah...**

Hasta que se detenga el pensamiento y todo vaya diluyéndose, quedando absorbido en la pulsación del mantra. Hasta que no quede nada más que *Al-Laah*.

> **La ilaha illal-Laah**

Sigue así, todo el tiempo que quieras. Aunque si haces bien el ejercicio, el tiempo no significará mucho. Y al acabar da las gracias de corazón. Gracias a Dios. Gracias. ¡Gracias!

> **¡AlhamdulilLaah!**

¡Bienvenido a tu verdadero hogar! Un templo sagrado al que puedes volver cuando quieras para tomar un poco más de vitamina A. Que por ser lo contrario a la sinécdoque, es el mejor antídoto contra la ansiedad y la depresión y la mayoría de las «enfermedades» de nuestro tiempo.

Cuando lo hayas recitado unos diez millones de veces (que no es tanto como parece), ya me contarás lo que pasa... ya...

Eso sí, si empiezas a ver resultados, mejor busca un maestro sufí de verdad que pueda orientarte. Ese es solo el primer paso del camino. Y el sufismo es, antes que nada, un camino que muy difícilmente puede recorrerse solo.

Para animarte a practicar, te copio algunos de los hadices sobre el *diker*. No me saco nada de la chistera:

> **Yo soy como mi siervo piensa que soy. Yo estoy con él cuando Me menciona (diker), si él me menciona para sí, Yo hago mención de él a Mí mismo. Y si él Me menciona en una reunión, Yo hago mención de él en una asamblea mejor que esa (de los ángeles). Y si él se acerca a Mí un palmo yo me acerco a él un codo, y si él viene a Mí caminando, Yo voy a él corriendo.**

> **Siervo Mío, estoy contigo cuando piensas en Mí y estoy contigo cuando Me invocas (diker).**

> **Acaso no les he informado sobre la mejor de las obras, la más pura ante vuestro Señor, la que los elevara en grados y es mejor para vosotros que la distribución del oro y el dinero, y es mejor que pelear contra el enemigo. Ellos (sus compañeros) dijeron: ¡Sí infórmanos! Les dijo (la paz y las bendiciones de *Allah* sean con él): «El *diker***

*AlLah*, Exaltado sea».

Un hombre dijo: Oh Mensajero de *Allah* ciertamente las obligaciones del islam se me han vuelto demasiadas, así que infórmame de algo para que me aferre a ello. Dijo: «No dejes que tu lengua cese de recordar a *Allah*».

¿Qué acción es la más querida por *Allah*? Por lo que él respondió: «Que mantengas tu lengua húmeda con el *dhikr* de *Allah*».

Pues ya sabes...

# CONCLUYENDO

Cuando Óscar Fábrega[13] me pidió que escribiera un libro, me pareció una oportunidad increíble. No era yo, el autor, el que tenía que ir mendigando un poco de atención editorial —ese recurso tan escaso—, sino que era el propio editor el que tocaba a mi puerta para proponerme un texto que tenía —creía tener— en la punta de la lengua y de los dedos: una obra de sufismo en clave de humor y amor, de sufismo para millenials. ¡Sufismo! La vía espiritual que he amado y practicado en los últimos trece años. ¡Qué bendición!

Óscar se transfiguró ante mis ojos en un heraldo del cielo —con arpa y tutú blanco— y sentí una inmensa gratitud hacia él. Entendí que la propuesta, aunque a su través, venía de arriba —¿de qué otro sitio?— e hice lo que cualquiera habría hecho en mi lugar: hacer un poco de *diker*, pedir permiso a mi *sheij* de entonces y ponerme manos a la obra.

Pero, poco a poco, este libro que se adivinaba como un dulce encuentro con mi propia espiritualidad, se fue convirtiendo en un amargo encuentro con mi propia espiritua-

---

13. Y, años más tarde, Carles de Gispert tuvo la cortesía de publicarlo en Siglantana, por lo que también le estaré infinitamente agradecido.

lidad, para acabar transformado en una auténtica *yihad*, una lucha a vida o muerte contra mí mismo. Como dicen los sufíes, si quieres hacer reír a Dios, escribe un libro de sufismo.

Lo primero que ocurrió fue obvio: pronto me vi abrumado por una enorme cantidad de notas, reflexiones y capítulos que me crecían como hongos por todas partes. No fue fácil decidir qué vería la luz y qué quedaría sepultado para siempre en las profundidades de mi disco duro. Era tanto lo que desechaba y tan pequeña la punta del iceberg, que sentía como que tiraba a mis propios hijos a la papelera de reciclaje.

Aunque esto, claro está, no me pilló de nuevas, es la parte normal del proceso creativo: el duelo por los textos perdidos, esa particular nostalgia por lo que pudo ser y no fue publicado.

Pero había algo más —algo que se agitaba dentro de mí—. Mientras yo escribía aquí arriba, ahí abajo, en el sótano, iba creciendo una sombra.

## ÍDOLOS DE PAPEL

¿Cómo lo explicaría? Yo soy un occidental moderno que, como decía el gran Chesterton, «al entrar en la iglesia me quito el sombrero, pero no la cabeza», y creo que, a pesar de que el islam es una de las tradiciones más vivas y fuertes del planeta —si no la que más—, ciertos grupos —mayoritarios en algunos ámbitos— tienen por delante un trabajo de exégesis y de hermenéutica que, antes o después, tendrán que afrontar. Por desgracia —y por gracia—, la literalidad no existe. Y menos en la ambivalencia de un texto sagrado. Y los argumentos de autoridad, en buena lógica, ni valen ni nunca valdrán por sí mismos.

A mí, puede que por mis límites concretos —nunca descarto estar completamente equivocado—, una espiritualidad escolástica, en la que cuentan más las casuísticas interminables que las experiencias interiores, no me dice nada. Tampoco una tradición que se crea en posesión de la única y absoluta verdad. Dios —y La Verdad es uno de los nombres divinos— no puede encerrarse en una caja. El propio Corán insiste en que no hay nada semejante a Dios. Si puedes diseccionarlo y comprenderlo con la mente, ten por seguro que eso no es Dios ni nada que se le parezca, sino más bien, todo lo contrario: un ídolo que habrá que destruir.

Lo divino, por definición, está más allá de cualquier interpretación lineal y unívoca. Y, por lo tanto, parcial. No podemos secuestrar a Dios para ponerlo de nuestra parte. Él siempre estará de parte del Todo. Esa parcialidad (*sinécdoque*) es precisamente la idolatría.

La creación, que es el auténtico libro sagrado, es increíblemente diversa, compleja, paradójica y polisémica. La palabra *aya*, en castellano aleya, significa a la vez versículo y signo. Verso sagrado y signo de la naturaleza. Los dos revelan la escritura de Dios.

La manifestación es de una exuberante diversidad y profundidad. No hay una especie de insectos o de calamares (la única «verdadera» linealmente interpretada), sino incontables y siempre en proceso de cambio. No hay dos árboles o dos copos nieves iguales, tampoco dos respiraciones humanas. Pensarlo bien te vuela la cabeza. Además, el libro revelado es la sombra del *umm al kitab*, la madre del libro, el Corán celeste que está junto a Dios… Los ídolos de papel son más peligrosos que los de piedra.

A mí me parece que La Realidad ama la diferencia y la diversidad —todo en la creación es diverso—, e incluso la diversidad religiosa. O, ¿es que a Dios «le ha salido mal» el truco y se le ha ido un poco la mano con las religiones? No puede ser. En el propio Corán y los hadices se nos dice que crearnos en comunidades diferentes es el designio divino. Y lo es por el más bello de los motivos: para que nos conozcamos y nos reconozcamos unos a otros. Y esto es puro texto coránico, no me invento nada.

Si Él (o Ella) hubiera querido, habría un planeta en que todos fueran budistas a mil años luz de otro en el que fuéramos cristianos. Pero no es así. Aquí estamos todos, condenados a entendernos y a querernos. Ese es el verdadero *burhan*, la prueba de Dios, que los diferentes grupos humanos compitamos en buenas obras, como dice el Hadiz.

## PASAR LA ITV

¿Adónde quiero llegar con todo esto? A que había toda una serie de aspectos que una y otra vez volvían a molestarme, que lastraban mi visión espiritual como parásitos intestinales. Machaconamente.

Escribir esta obrita —en principio breve e intrascendente— ha acabado siendo una auténtica vía purgativa, que me ha llevado a replantearme a fondo mi relación con el sufismo y el islam. Una ITV espiritual que no estoy seguro de haber pasado.

Lo único cierto es que el que empezó a escribir este libro no es el mismo que el que lo acabó. Y eso es muy bueno y muy malo. Doloroso y esperanzador. Paradójico, una vez más. Aunque intuyo que detrás de esta limpieza hay un renacimiento, sencillo y sin pretensiones, la calma profunda que se respira justo antes del alba.

¿Quién soy yo ahora, después de filtrar mi alma por este texto? ¿Soy un «sufí» o un derviche? ¿Soy un musulmán?

La respuesta más exacta es sí y no, según quién me ponga —o me quite— la etiqueta, porque últimamente —y, de alguna manera, esto también ha sido parte del proceso— no he parado de conocer personas —sobre todo en el oráculo de Facebook— que lo mismo me dan que me quitan el carnet de «sufi» o de «musulmán» según comulgue o no con sus ideas. Y solían ser ideas tan rígidas y estrechas que me asfixiaban, me trituraban hasta hacerme fosfatina.

Por suerte, me ha pasado como a *Alicia a través del espejo* —del Corazón—: ya no sé quién soy. Y, lo más chocante de todo, es que me da igual. No creo que tenga ninguna «identidad» que defender. Me he quitado peso, he soltado lastre, me siento un poco más transparente que al principio.

A día de hoy, no creo que para acercarse a Dios haya que pertenecer a ningún club —ni clavarse los clavos de otra cultura, y todas tienen los suyos—. Más bien me parece que la divinidad es patrimonio y matrimonio de toda la humanidad. A estas alturas, decirte otra cosa sería mentirte.

Y, por supuesto, no tengo que firmar ni hacerme cargo de las hipotecas y contradicciones que contaminan una cierta forma de vivir el islam, estrecha y monolítica, que me ha producido más espanto que otra cosa.

A la vez, y sin negar lo anterior, en el islam he descubierto la más intensa luz espiritual, y el más sutil y refinado de los sistemas psicológicos y espirituales —que dejamos para mi próximo libro… vale, ¿Carles?

El islam tiene una comprensión perfecta de la unidad —o de la no dualidad— y una psicología transpersonal natural y finamente imbricada en el sistema. Y detenta toda una serie de autores que son iguales, sino mejores, a los más grandes filósofos occidentales.

También he conocido a personas —musulmanes normales y corrientes— cuya fe, bondad, inteligencia y apertura de corazón me ha conmocionado. Y no una ni dos, sino decenas y decenas…

Y, sobre todo, el islam tiene una tecnología interior operativa, es decir, una práctica espiritual que funciona y que es infinitamente más potente que la mayoría de caminos e incluso formas de psicoterapias que he conocido —lo que no quiere decir, como decía arriba, que no tenga también sus sesgos y sus sombras—. Ya he descrito las sanaciones extraordinarias —empezando por la mía propia— de las que he sido testigo.

El dilema es que las dos cosas son verdad: las problemáticas teóricas —o, tal vez, historiográficas— y la joya espiritual que brilla en el centro del mandala. Ambas son mi experiencia directa. Y no puedo callarme ninguna. Esa es mi voz, y mi desvelamiento personal, esa es mi vivencia, aunque en apariencia sea contradictoria.

Como cantaba Javier Krahe, «prefiero vivir con una duda que con un mal axioma».

## MAWLANA

Tampoco puedo dejar de hablar de la *barakah,* la bendición, la conexión y el enorme nivel espiritual de Mawlana Sheij Nazim y de Mawlana Sheij Mehmet. Dos seres imposibles, que rompieron todos mis esquemas, que pusieron mi mundo patas arriba, que me causaron tal choque emocional que aún estoy intentando recuperarme del susto.

Junto a ellos, he encontrado otros de enorme talla —como no había visto jamás antes en ningún otro camino espiritual— en otras *tariqas* o grupos sufíes. Aunque ninguno ha sabido tocar mi corazón de esa forma.

Parafraseando a Rumi, «Sheij Nazim es el sol que me ha cocido». No imagino maestros más potentes. Desde luego, yo no he visto a ninguno que se les acerque.[14] Lo que, por supuesto, no quiere decir que no los haya —que nadie me eche a las hienas—, simplemente que yo no los he conocido o no los he reconocido —que todo puede ser—.

Antes de cerrar, también quiero disculparme por todos los errores del libro. Y por todas las carencias. No he querido hacer un texto tipo Wikipedia, con información básica sobre sufismo —aunque algo hay— que puede encontrarse en otros libros bien conocidos o que puedes encontrar fácilmente en Mawlana Google. Sino que más bien hablo de mi propia experiencia, de mi reflexión personal, intentando aportar algo nuevo. Pequeño y discutible, pero auténtico. Decantado a fuego lento de mi propia experiencia vital.

Han faltado cosas esenciales, como hablar de las diferentes «escuelas» u «órdenes», *tariqas* (plural de *turuq*) sufíes. Yo solo he profundizado verdaderamente en la *naqshbandi*. Y aunque he leído y compartido *dikers*, experiencias, encuentros con algunas otras (*tiyani, shadili, nematulLahi, muridía, yerrahi helveti* y alguna más) no me sentía autorizado para hablar de ellas.

Lo importante y lo único de lo que no he podido dudar en este tiempo (y soy el primero en darme cuenta de que una fe sin dudas es una fe de cartón piedra), es de que hay una profunda verdad espiritual en el islam y en el sufismo,

----

14. Aunque justo, ahora, en la corrección final de las galeradas, acabo de conocer a Amma y tal vez deba replantearme esta frase. Es más, en la segunda edición, 5 años después, creo que, además de ella, sí he encontrado otros maestros…

que ha alimentado a generaciones enteras y sigue hacién-dolo. Eso es un hecho objetivo.

Sí he dudado, y muchas veces, de ciertas interpretacio-nes —a mi juicio erróneas o muy parciales— del islam, que yo me siento honestamente incapaz de compartir y que creo que necesitan una cierta revisión epistemológica.

Otras tradiciones como el budismo, la cábala o ciertos yogas no han tenido problemas para actualizarse y trasplan-tarse a occidente, y nadie se plantea si estás a favor del sistema de castas o del machismo de la India tradicional[15] por practicar yoga. Aunque también, y por la otra cara (todo es complejo) es muy discutible hasta qué punto ese mismo proceso no ha diluido las tradiciones hasta transformarlas muchas veces en su contrario.

Espero y le pido a Dios saber encontrar el camino medio, el camino recto que me acerque más a Él. *In Sha AlLah.*

Bueno, tengo que dejarlo ya, pronto me alcanzarán los primeros rayos del alba, la hora bendita del *diker*. Así que más que seguir dándole a la cabeza, preferiría invitarte a rezar conmigo. A catar directamente el vino que escancian los derviches, pues en la práctica espiritual sincera todas las dudas se desvanecen.

¿Lo escuchas? Es la llamada a la oración, ¡qué belleza! resuena en el fondo de mi alma y de mi teléfono móvil. Levántate conmigo y haz la ablución, purifícate para el en-cuentro con tu Señor. Es tiempo ya de sumergirnos juntos, en el océano sin principio y sin final. En el Amor, en la Verdad y en la Belleza. En los secretos de *La ilaha illal-Laah.*

---

15. Como, por desgracia, en casi todas las culturas tradicionales y no tan tradicionales…

Pero, antes de eso, pongamos punto final a este libro. Que ni es ni pretende ser otra cosa más que el polvo en la sandalia del verdadero maestro sufí.

Que Dios santifique su Secreto.

# SEGUNDA PARTE: CÓMO DEJAR DE SER SUFÍ Y VIVIR EN EL INTENTO

## PRÓLOGO DEL EPÍLOGO

Aún conservo la artillería pesada en el ordenador. Pero no quiero deslizarme al lado oscuro, aprovechar estas líneas para tomarme la revancha.

Por eso, antes que nada, pongo la intención, consciente y declarada, de ser ecuánime, de que este texto sea también tejido y venda, hilo de oro —diría Mardía— que suture mi dolor.

Habrá que operar al paciente, claro está, hurgar en el pasado, despertar a los monstruos. Dolerá y dejará una marca en mi corazón, pero espero que sea una marca localizada, una cicatriz quirúrgica.

Confrontar el trauma puede ser un rito de paso a un nuevo estado de madurez. El sufrimiento es ambivalente. Hay heridas por las que entra la luz.

O como diría mi abuela: Todo lo que pica, cura.

¡Qué santa mi abuela!

## PRESBÍTERO DE EXTRARRADIO

Empecemos por el principio, es decir, por el final del libro, cuando ese joven Rafa Millán con turbante y alfombra mágica publicó la primera edición de *Cómo ser sufí y morir en el intento*. O incluso antes, por la última vez que vimos a nuestro querido Mawlana Sheij Nazim (*qas*),

Lo recuerdo como si fuera ayer. Los encuentros con el maestro ocurren en una zona fronteriza entre el tiempo y la eternidad. Por eso, su palabra es sagrada, viene de la fuente y transforma el mundo.

En aquella ocasión, su mensaje fue tan potente que salimos de la reunión temblando. De amor y de responsabilidad. Las dos cosas a la vez.

Pero, ¿qué nos dijo Mawlana exactamente?

Con ese inglés macarrónico de la *derga*, el maestro me designó, directamente, como su representante (*"I am appointing you on behalf of me…"*) y me pidió que diera *diker*, *sohbet* (sermones o discursos inspirados) y *bayad* (iniciación al grupo sufí y conexión con él). Fue una auténtica "ordenación".

Pero hubo más. Mawlana me indicó claramente, sin que nosotros se lo pidiéramos, que abriéramos un medio sobre espiritualidad. Nos dio detalles muy concretos, por ejemplo, que no fuera "islámico" ni "sufí", sino que tratáramos todo tipo de temas:

—Si la palabra "islam" da problemas, no la uséis. Si la palabra "sufismo" da problemas tampoco. Si hace falta, invitad a la gente a hacer "ejercicios antiestrés" — dijo, imitando cómicamente los movimientos del *hadrah*.

¡Qué bella apertura!

Encriptado en su mensaje, en el reborde de la palabra, se prefiguraban muchas de las cosas que vinieron después.

Incluso el "dichoso"[16] canal de *YouTube* que nunca hubiera visto la luz sin el patrocinio del maestro. Fue Mawlana, todo amor, quien nos dio el primer impulso, quien plantó una semilla de luz que iría desplegándose con los años, floreciendo, poco a poco, como un archivo comprimido en *ZIP*.

El maestro también nos animó a abrir nuestra casa para celebrar encuentros sufíes, con una simpática condición: nos pidió que ofreciéramos té y sopa gratis a los invitados:

—*Free tea, free soup.*

Para qué más.

Volví a España como el orgulloso encargado de un *diker* en Madrid sur, el presbítero del Móstoles sufí. Si Mawlana era como el maestro Yoda, yo era de pleno derecho, un *Luke Skywalker* cualquiera de extrarradio.

Semana tras semana, mes tras mes, año tras año, dirigí la meditación religiosamente (nunca mejor dicho) y serví a un grupo que poco a poco fue creciendo y asentándose en la capital.

En esa temporada de la teleserie, toda mi vida social, personal y espiritual, toda mi pertenencia y mi identidad (desde mi casa hasta el nombre de mis hijos) estaba metida en la *tariqah Naqshbandi-Haqqani*.

Interpreté el papel (o papelón) que me tocaba lo mejor que supe, con compromiso y corazón. Es de las pocas cosas de las que tengo certeza.

Pero el destino es caprichoso. La trayectoria de ese joven Rafa Millán (*Shihabuddin*, por aquel entonces) estaba a punto de sufrir un alucinante giro dramático. El gran *plot twist* de mi vida espiritual.

................................

16. *Dichoso* viene de dicha, por supuesto.

## EL TRANSVERSO

Aquí, en 2025, todavía hablamos del "confi", alias la pandemia, como un año cero, un evento axial que dividió el tiempo en un antes y después como las aguas del Mar Rojo. Y eso que, gracias a Dios, mi familia pasó la enfermedad bastante bien. Y, gracias a Mawlana, en una buena casa con té y sopa gratis.

Para Mardía y para mí, la *seclusión* exterior trajo una apertura *online*. Limitar la presencialidad (¡bella palabra!) nos llevó a incrementar nuestro compromiso con el canal de *YouTube*. Necesitábamos alimento espiritual aunque fuera ultraprocesado y digital.

El ciberespacio se fue llenando de amigos con los que sentíamos gran afinidad independientemente de su pertenencia formal. Los llamábamos "hermanos", pero "hermanos transversales". Desde diferentes perspectivas, vibraban en la misma *UNI*-dad que nosotros. Si no fuera tan hortera, podríamos llamarlos Hermanos *UNI*-versales y hacer un guion barato para una película de Marvel. Pero preferimos "transversales". Así, en lugar del multiverso, visitamos el *transverso*, que mola más.

Y en ese *transverso* ocurrió algo que, en mi humilde opinión, es lo más sufí que puede pasar. Nuestro corazón se hizo genuinamente capaz de todas las formas. Ya no nos importaba —realmente nunca nos importó— la pertenencia formal, o el carnet de nadie, solo la autenticidad y la sinceridad del alma. El transverso es un lugar cálido y blandito…

¡Vente a jugar al transverso con nosotros, está justo aquí mismo, en el centro de tu corazón!

## UNIVERSALISMO DE PROVINCIAS

Inciso transversal: la espiritualidad ya no puede ser estrecha y provinciana. No es tiempo de levantar muros sino de tender puentes, de acercarnos juntos al Misterio, de acudir a Dios completamente desnudos, arriesgando incluso la propia identidad. ¿Qué otra cosa es el *fana*, el anonadamiento, la "aniquilación" en el Absoluto de la que hablan los sufíes?

Puede que en siglos pasados (cuando toda la vida transcurría en el mismo grupo bajo el paraguas de una única cosmovisión, con un fuerte elemento mítico) enclaustrarse en las fronteras de tu propio paradigma tuviera todo el sentido del mundo. Incluso podría entenderse como un aspecto necesario del camino. Pero en plena globalización, pensar en términos de la "religión verdadera" me resulta chirriante y anacrónico.

Es más. Creo firmemente que nuestro deber, como humanidad, es reconocer, valorar y aprender de todas y cada una de las tradiciones y culturas. ¿Cómo vamos a rechazar los tesoros de significado y conexión que han configurado el alma de la humanidad durante milenios? ¿Cómo vamos a mutilar las más bellas joyas del patrimonio universal? ¿Pero es que estamos locos?

Eso se parecería demasiado a la represión de sombra. Y lo reprimido siempre vuelve con garras y tentáculos. Muchas veces, el monstruo (o "el enemigo") es tu propio reflejo, tu imagen, invertida y deformada, en un espejo de feria.

Cuando emerge un nuevo nivel de conciencia, no hay vuelta atrás. La globalización del Espíritu es irreversible;

la flecha del tiempo, unidireccional; y la realidad, insobornable. Igual que el Corazón.

Dice el Corán: "Os he creado en pueblos distintos para que os conozcáis unos a otros". ¡Qué sublime y bella intención, cambiar el miedo por amor, abrir las fronteras metafísicas, reencantar el mundo!

Suelo repetir, medio en broma medio en serio,[17] que le pido a Dios que me libre de la "religión verdadera", y de paso de todas las ortodoxias estrechas y asfixiantes que se encastillan en dogmas defensivos, en verdades de hojalata, en escolásticas precocinadas, de segunda mano, esas que siempre empiezan por "lo que nosotros creemos..." o, peor aún, "lo que nosotros tenemos que creer".

Ni quiero ni puedo encerrar el Misterio en una caja, aunque le pongamos adornos de macramé. Mucho menos, contenerlo en los límites, ya clareantes, de la bóveda de mi cráneo. Lo Real nos desborda, es infinitamente más grande que tú y que yo. Incluso que todos nosotros juntos (y con macramé).... ¡Afortunadamente!

Volviendo al tema, la cuestión es que el canal de *YouTube* nunca fue un medio "sufí" ni mucho menos "religioso" en el sentido convencional, sino un peligrosísimo espacio de libertad y apertura transversal -un *transverso*- que daba y sigue dando voz a nuestros hermanos y hermanas de Corazón.

Entrevistamos (y seguimos entrevistando) a todo tipo de gente y, por supuesto, también a algunos musulmanes[18] con opiniones que, al parecer, no encajaban del todo en la

17. ¿Acaso se puede hablar de otra manera?
18. Aunque ya no sé qué significa ese término en castellano, de verdad; no es una pose, cuanto más lo estudio, menos lo sé.

supuesta ortodoxia. Personas que no creían en "lo que nosotros tenemos que creer", o no de la manera correcta.

Eso abrió la puerta de los demonios. Lo más gracioso de todo es que tenemos la íntima convicción de que nuestro medio de comunicación solo fue el despliegue natural de las palabras de Mawlana Sheij Nazim (que Dios santifique su Secreto).

Fértil y espinosa paradoja.

## LA PURGA BARBADA

Venga, vamos por la carnaza, que es lo que hemos venido a buscar. Pero primero, un chiste gráfico genial. Se ven dos soldados disparando desde una trinchera:

—¿Por qué los disparamos?
—Porque son los malos
—¿Y cómo lo sabemos?
—Porque nos disparan a nosotros, que somos los buenos.

¿No os parece que la cosa es un poco así, que siempre que hay una sensación de pertenencia se crea un "endogrupo", "los míos", al que yo pertenezco, y que ese movimiento genera, ipso facto, un "exogrupo", que es al que pertenecen todos los demás? Esto, en sí mismo, no es bueno ni malo. Es como *Thanos*, inevitable. O como Nietzsche, humano, demasiado humano.[19]

. . . . . . . . . . . . . . . . . . . . . . . . . . . . . .

19. O como un *Thanos Nietzsche*: el peor, e *inevitablemente humano*, villano de la historia, ¿os lo imagináis?

No puede haber cóncavo sin convexo, ni dentro sin fuera. Al cerrar una membrana o dibujar una circunferencia, inmediatamente se generan dos espacios nítidamente diferenciados: un círculo interno, casi un "cinturón de seguridad", y luego... los otros, el caos, el afuera, el salvaje oeste.

En otras palabras, siempre que hay un "nosotros creemos" necesitamos un "ellos que no creen" que venga a cerrar el círculo, una incómoda muralla de separación entre los buenos y los malos, los ortodoxos y los heterodoxos, los puros y los impuros. Y a esa frontera le crecerán aduanas y puestos militares como champiñones, y guardianes del templo (como champiñones barbudos).

En este caso, y en honor a la verdad, fueron pocos, muy muy pocos, creo que no más de 3 o 4 tipos barbudos (como champiñones) los que crearon el comité inquisitorial para fiscalizar nuestros videos y los de nuestros invitados. ¡Eso sí que es custodiar la ortodoxia, lo demás son tonterías!

El comité, desde el más absoluto principio de corrección[20] fue muy activo y organizó un viaje a Estambul para acusarnos ante Sheij Mehmet, hijo de Mawlana y el nuevo maestro mundial de la orden. O sea, el mismo nivel que cuando otro niño copia en clase y te chivas al profe. A tope de mística.

Nosotros nos enteramos por un par de amigos presentes, por casualidad, en tan alta y sagrada reunión. Según nos contaron, el comité sacó unos folios canónicos y con sello doctrinal, que brillaban en la oscuridad, donde habían apuntado los minutos concretos en que nuestros invitados

---

20. Es decir, siendo siempre "nosotros" los buenos, los puros y los salvados, y nunca "ellos", los malos, los impuros y los condenados.

decían las cosas que no eran "lo que nosotros creemos", sino lo que "ellos creían", los muy malvados.

Eso sí, permitidme el perverso placer de imaginar a los inquisidores, lápiz en mano, mirando mis vídeos completamente escandalizados.[21]

Según los amigos presentes, cuando acabó el "proceso del Santo Oficio" contra nosotros, Sheij Mehmet, el maestro mundial (sucesor de Mawlana), solo dijo que éramos gente sincera y que mejor no publicáramos vídeos polémicos, lo que, por cierto, es, y siempre ha sido, exactamente nuestra intención.

Si conoces el canal de *YouTube*, sabrás que es lo más blanco que hay. Nuestra vocación, no me canso de insistir en ello, es siempre la de tejer puentes y no la de levantar muros, ni mucho menos cavar trincheras de pureza y ortodoxia.

A día de hoy, unos cinco años después, sigo siendo incapaz de explicarme la torpeza, rayana en la crueldad, de estos barbados inquisidores.

O a lo mejor soy yo, que todo puede ser.

## ORTOPEDIA MONOCROMA

Mi hijo lo llamaba "el jefe de los sufíes". Para mí era mucho más que eso, una especie de director espiritual, de padre postizo. No era "el gran maestro", por supuesto, pero sí "un maestro". O eso me parecía a mí. Pobre de mí.

. . . . . . . . . . . . . . . . . . . . . . . . . . . .

21. Podéis buscar estos vídeos en nuestro canal de *YouTube Psicología y Espiritualidad* que, hasta donde me llega (nadie me lo dijo directamente) son en los que invitamos a Houssain Labrass y a Abdennur Prado.

No hablo de Mawlana Sheij Nazim ni de su hijo, el sucesor mundial de la orden, Mawlana Sheij Mehmet, sino del jefe local, de cuyo nombre no quiero acordarme.

Me resisto a creer que fuera él quien iniciara el proceso. Prefiero pensar que alguna otra persona hizo el papel de Grima, lengua de serpiente, y le fue comiendo la oreja, envenenándolo poco a poco. Tal vez sea mi particular manera de exculparlo, porque era una de las personas que más quería, admiraba y respetaba dentro de nuestra querida piel de toro.

Sí, definitivamente, fue lo que más me dolió. Sobre todo, no haber podido sentarnos los dos, de corazón, a lavar los trapos sucios en casa, antes de dar el paso definitivo de chivarse al Sheij, y traspasar esa línea roja de la confianza, ese punto de no retorno tras el cual las cosas ya nunca podrían volver a ser como antes.

Me ha costado mucho aceptar que actuó mal. Al menos con torpeza. Porque el problema nunca ha sido con Sheij Mehmet, que expresaría varias veces su deseo de que estuviéramos en *tariqah* (y hasta donde sé, creo que sigue siendo su postura), sino con este otro, a quien yo tanto admiraba. No era el Gran Maestro. Pero sí un maestro patrio... o eso me parecía. Pobre, pobre de mí.

Y como esto es un cuento sufí, vamos a entrar por la madriguera imaginal, al otro lado del tapiz, para contarte un par de sueños, tan claros (¡pero tan claros!) que no supe interpretarlos en su momento. Mi inconsciente fue mucho más listo que yo, que tampoco es tan difícil.

En el sueño número uno, al que llamaremos "sueño número uno", el jefe patrio había sufrido una operación de cabeza parecida a una lobotomía que le dejaba el cráneo abierto, lo que lo obligaba a calzarse un extraño e incomodísimo aparato ortopédico, como un andamiaje en la sesera, para que el cerebro no se le cayera a cachos.

No hace falta ser un genio onirocrítico para entender el sueño número uno, ¿verdad? La ortodoxia del jefe exige un engorroso y agotador aparataje conceptual escolástico para que "no se te salga el cerebro". Una factura que creo que yo ya no estoy dispuesto a pagar.

Ojo: el sueño es mío, no suyo. El personaje del sueño es un aspecto de mi propia psique. Para él todo eso puede estar bien. Porque es muy cierto que la pertenencia formal a la *tariqah* es dulce y rentable. Tienes el calor de la tribu, una cosmovisión completa —aunque con flecos mítico-mágicos—, el acceso a estados ampliados y un discurso de buenos y malos con un fuerte sentido de trascendencia. Todo ello en oferta y al mismo precio. Y, aunque pueda parecerlo, no es una burla. Al contrario, al recordarlo aún puedo sentir un trallazo de nostalgia.

Sueño número dos: me veo contemplando el cielo nocturno en un jardín sobrecogido por la belleza de las estrellas. Entonces aparece "el jefe español", portando una linterna con una luz artificial, fea, monocroma y dañina a los ojos. Me apunta con ella deslumbrándome y me dice que esa es la luz que había que mirar y no la de las luminarias celestes.

Siempre alucino con la precisión con la que a través de imágenes concretas los sueños, como los mitos, son capaces de expresar las más profundas verdades del alma.

Insisto, por favor, son sueños míos, aunque aparezca "el jefe" como símbolo de mi propio mundo imaginario. Porque creo que él, "el jefe de los sufíes de España", dentro de sus límites y de su cosmovisión (un poco ortopédica, dañina y prefabricada, eso es cierto), fue lo más honesto que pudo llegar a ser. Y eso es decir mucho.

O a lo mejor ya estoy intentando exculparlo otra vez. ¡Y yo qué sé!

## GHOSTING ESPIRITUAL

A Mardía, mi mujer, le había tocado hacer de jefa de tribunal de oposición esos días (que sí, mejor que un tribunal de la Inquisición… pero está ahí, ahí). El "jefe" había hecho mutis por la *quibla* y no me cogía el teléfono. Así que tuvimos que organizar un viaje relámpago, de más de 10 horas de coche, para intentar pillarlo unos minutos.

Nuestro esfuerzo dio sus frutos. Finalmente conseguimos tener una charla aparentemente amable en la que vino a decirnos que nuestro error era que estábamos "demasiado en el amor, en vez de en el rigor", y que *Shaytan*, el mismísimo príncipe de las tinieblas, nos acechaba a través de nuestros pobres "hermanos transversales". Al acabar, volvió a pedirme que no le llamara más. Chimpún.

No entendí nada. Él mismo reconoció que Sheij Mehmet, el maestro mundial, solo había dicho que no publicáramos vídeos polémicos y que éramos gente sincera.

Lo más jodido, lo más jodido de todo, es que en aquel entonces yo amaba y admiraba tanto a esta persona que solo quería obedecerlo. Si en vez de embarcarse en los juicios de Salem me hubiera hecho una llamadita para pedirme que retirara los "vídeos polémicos", simplemente le habría hecho caso. Y aquí paz y después censura.

Pero sus órdenes (que no detallaré por respeto) se volvieron completamente imposibles, contradictorias, indescifrables. Yo me veía como Flanders, en ese capítulo de *Los Simpson* en el que se enfada con Dios por destruir su casa, y blandiendo la Biblia contra el cielo le espeta: ¡Por qué me haces esto, si hago todo lo que pone aquí incluso las cosas que contradicen otras cosas! Pues así.

Después, la "cúpula española" quedó en silencio, como en esos relatos de antropólogos en que el chamán de la tribu te condena al ostracismo hasta que acabas muriendo de pena y soledad. Un caso claro de *ghosting* espiritual. Que menos mal que estábamos en el sufismo y no en el Gospel, porque si no hubiera sido *ghosting gospel*, que suena fatal.

El hogar que había refugiado mi corazón se resquebrajaba, desmoronándose desde sus cimientos. Además, el terremoto emocional se daba justo en la intersección de dos traumas complejos: el de la traición paterna (la tradición puede devenir traición perdiendo solo una letra) y el de la expulsión de la tribu. Dos de las peores heridas del alma. Y yo tenía el alma en carne viva.

No tardé meses, sino años, en aceptarlo. Sencillamente, no quería creerlo. Buscaba mil pretextos para exculpar "al jefe". Pero las piezas no encajaban, tenían pinchos y aristas duras que me arañaban el corazón.

Algunas personas me llamaron para darme su apoyo (pocas, pero oye, ahí están). Y, lo que más me sorprendió, Sheij Hassan, el "Encargado de Europa", Sheij de Sheijs y maestro de maestros, es decir, claramente un "superior jerárquico" del "jefe español", nos hizo alguna videollamada y hasta se tomó la molestia de venir a casa personalmente para intentar repescarnos.

Pero el trauma, demasiado reciente, aún sangraba. Además, o yo no acerté a explicarme, o Sheij Hassan, con la mejor de las intenciones, no acertó a entenderme. En cualquier caso, triste y confuso, fue muy difícil comunicarnos en inglés. Aunque agradezco infinitamente el bálsamo de su visita.

Obviamente, tanto para el bueno de Sheij Hassan como para el resto de los *naqshbandi-haqqanis* no tengo más que respeto, cariño y buenas palabras. Que esta *tariqah* no sea para mí, no quiere decir que no sea buena o adecuada para muchos otros.

Faltaría más.

## RADIO PATIO SUFI

Radio patio sufí empezó a hacer de las suyas. Nos iban llegando diferentes versiones de lo que supuestamente pasó en la alta cumbre inquisitorial, liándose entre medias verdades y mentiras enteras.

Finalmente, a través de una hermana querida, escribimos una carta al propio Sheij Mehmet, el maestro mundial, explicándole la situación. Y él, una vez más, nos apoyó. Si en ese momento (o en los últimos años) hubiera recibido una palabra amable (no digamos una disculpa) del "jefe español", hubiera vuelto con el rabo literalmente entre las piernas.

Pero no ocurrió. Nunca ocurrió. Además, me costaba mucho cabalgar la contradicción de que se me acusara de una "desobediencia" cuando ahora eran otros los que, claramente, estaban desobedeciendo el deseo explícito del maestro, que nos quería en *tariqah*. Y otra cosa: ¿Quién puede estar seguro de la obediencia a un maestro espiritual?

Finalmente, sin que nadie me explicara el motivo y a través de un intermediario, me llegó algo así como un absurdo y cómico email del jefe de España. No era exactamente una "carta de expulsión" (nadie puede expulsarte), pero tampoco puedo decir exactamente que no lo fuera.

Por alucinante que suene, ese email estaba directamente en contra del deseo expreso de Sheij Mehmet. Y os puedo prometer que si lo copiara, os partiríais de risa. ¡Espero no tener nunca que jugar literalmente esa carta!

Para mi, el tema queda zanjado con este epílogo, porque también es verdad que, si yo hubiera querido, me habría quedado: pagando el pequeño precio de la humillación y el escarnio público que, por otra parte, puede ser muy sano.

Viéndolo con distancia, todo ha sido todo súper preciso. Sólo pudo pasar así. Fue una carambola a tres bandas, Dios hilando fino una vez más: dándome la rosa con espinas, que es la buena.

Naturalmente, ahora creo que, aunque pinche, es lo mejor para mi. El típico "no-me-echáis-me-voy-yo-y-ahí-os-quedáis". Incluso a veces tengo tentaciones de llamar al jefe y darle las gracias de corazón.

Solo tentaciones.

## BRUNO DE ENCANTO

Seguramente, más que en los argumentos racionales, la clave para entender lo que pasó esté en la psicología sistémica, en la dinámica de grupo, en el inconsciente del clan.

Me explico. Para mí es esencial estar siempre aprendiendo y en continua reflexión filosófica. Por mucho que me esfuerzo, no puedo evitarlo. Lo que, en contextos muy cerrados, llega a ser ciertamente incómodo, porque toda estructura suficientemente compleja acaba generando un sistema de evacuación, de gestión de basura.

Y aunque los guardianes de la ortodoxia nos quieran convencer de que solo hay pura y prístina luz, todas las organizaciones humanas tienen sus cloacas, inevitablemente. Y si no queremos verlas, hay que cargarlas sobre alguien, el viejo truco de la víctima propiciatoria o el chivo expiatorio: poner en uno los pecados de muchos, sacrificar al individuo en el altar de la comunidad. Así la culpa no es de nadie, sino que es de todos.

Llevando al límite este mecanismo, hay asociaciones cuyo único (o principal) sentido existencial es generar un relato que demuestre que el grupo tiene sentido en sí mismo (la película *La Ola* es un buen ejemplo). Es decir, son un puro mecanismo de defensa con estatutos, una autojustificación continua, un uroboro, una pescadilla que se muerde la cola (o un comecocos devorándose a sí mismo).

Es el mismo funcionamiento que el de una neurosis individual. Porque, insisto, inevitablemente, todas las estructuras arrojan sombra. Y hay personas que con su mera presencia, casi sin quererlo, señalan la puta sombra. Mea culpa. Puedo oler las grietas y las fallas del relato desde kilómetros de distancia. Es mi maldición y mi superpoder como psicólogo.

Soy un poco como Bruno de *Encanto*, tengo el don de percibir los límites y las carencias del sistema. Eso que los buenos acólitos no quieren ni mirar.

Y, ¿qué se hace con Bruno? Pues bueno, ya lo sabes, no se habla de Bruno, no, no, no…

## LAS JORNADAS DEL PECADO

No es la primera vez en que me he sentido exiliado. Debo aprender algo de este *karma*, de este destino. Ya en la facultad de Psicología unos pocos profesores firmaron un manifiesto de expulsión en mi contra por el terrible pecado de organizar unas jornadas de Psicología en la facultad de Psicología. Si hubiera sido una jornada de guitarra o de videojuegos, no habría habido ningún problema. Pero no, eran de Psicología. No sé en qué estaría pensando.

En aquella ocasión, también invité a voces muy diversas, especialmente a algunos de los más serios representantes de diferentes escuelas de psicología y filosofía; pero no solo de la única y ortodoxa escuela verdadera, sino de todas las que pude. Y por ese terrible pecado capital, un grupo de profesores intentaron literalmente destruir mi carrera académica, matarme socialmente. No siempre es necesario estar en un grupo otomano para ser cabeza de turco.

Es lo mismo otra vez: Bruno de *Encanto*, el que pone el dedo en la llaga. Mi maldición y mi superpoder.

También es cierto que pude hacer las jornadas y que hubo quien las defendió. Es decir, que esa tendencia a ser expulsado está, antes que nada, dentro de mí. Espero que este texto sirva para curarme al menos un poquitín de mi "expulsionismo crónico". Y aceptar mi parte.

Volviendo al sufismo, la cosa es que a pesar de que iba comprendiendo que mi alejamiento del grupo tenía algo de voluntario, me dolía tanto que era incapaz de acercarme a encuentros o reuniones de *tariqah*. Vagaba en un círculo vicioso, cociéndome en mi propio jugo, lo que nunca ha hecho bien a nadie. También dejé de promocionar este libro. No me parecía honrado si primero no aclaraba mi relación con el grupo, con el sufismo y conmigo mismo.

Lo que más pena me dio fue dejar morir un círculo de *diker* majísimo (el que yo dirigía por orden de Chipre) que funcionaba en Madrid, con decenas de parroquianos habituales.

Ya que estamos, quiero aprovechar para hacer una disculpa pública. Debido al mini-éxito del canal de *YouTube* (que fue la evolución natural de las palabras de Mawlana Sheij Nazim) recibí muchísimos emails de gente interesada por el sufismo. Muchísimos.

De repente, yo era una puerta de entrada, pero una puerta bloqueada. Le daba una y mil vueltas y no sabía qué responder. Así que preferí, tal vez cobardemente, no intervenir. Dejarlo en manos del Misterio. Si Dios quiere algo para ti, nadie te lo puede quitar. Y si Dios no lo quiere, nadie te lo puede dar.

Si fuiste una de aquellas personas, lo siento. De verdad. No quería ni alejarte del sufismo, mostrándote mi herida, ni recomendarte que fueras a un grupo que aún me dolía en el alma.

Por suerte, el sufismo es mucho más amplio de lo que creía, como estaba a punto de descubrir.

En el gran *plot twist* del *plot twist*.

## TAKFIRISMO CAFRE

A ver. Nadie puede expulsar a nadie. La espiritualidad es un camino interior. Es imposible fiscalizar los corazones.

Y, ¡cuidado! Se dice en el sufismo que acusar a otro de ser un *kafir* significa que uno de los dos es un *kafir*, o el acusado o el que acusa.

Hay hasta un *hadiz* del Profeta (*sws*) que dice: "Si un hombre llama a su hermano 'kafir', entonces uno de los dos lo es realmente."

Esto de llamar a otros *kafir*, *cafre*, que se mal traduce como *incrédulo* (lo que ya hemos explicado en el libro), se llama *hacer takfir*. Y suele asociarse a las posturas más extremistas.

Aún me cuesta imaginar cómo puede querer alguien expulsar a otro de un grupo espiritual por motivos teóricos o dogmáticos. Esa es la principal diferencia que mantengo con los guardianes de las ortodoxias en general. Yo, personalmente, no tengo ningún problema en pertenecer al mismo grupo que ellos. Hay que hacer anchas "las puertas de la salvación". Por desgracia, el sentimiento no es mutuo.

Además, somos seres frágiles y falibles. Si el juicio es desde "el rigor" y no desde el "amor", no sé cuántos aprobaríamos ese examen. Seguramente yo no.

Lo mismo me pasa, y dale con el monotema, con las escuelas "ortodoxas" de psicología, que se consideran las únicas legítimas y quieren negar a las demás el derecho a existir y a adoptar su propia perspectiva sobre el Misterio humano. Es decir, son disciplinas *takfiristas radicales*, aunque se disfracen de académicas.

Personalmente, no soporto ese fundamentalismo epistemológico en que yo, que ya sé muy bien de qué va la cosa, me coloco un peldaño por encima del Misterio para "entenderlo todo" con 4 categorías simples. Y más cuando esas 4 categorías se aprenden en unos meses.

Si eso es así, el comportamiento o "la conducta" humana sería, con diferencia, el saber más sencillo que hay. Casi un juego de niños.

Esto es fundamentalismo. Cualquier intento de comprender (o mejor, de "triturar", como honestamente reconocía Gustavo Bueno) lo humano desde miradas simplistas o reduccionistas lo es. Ya sea fundamentalismo académico, político o religioso. Si abres el mecanismo, todos funcionan igual. Sobre todo si niegan el Misterio último que nos habita, el Absoluto que se manifiesta en el corazón.

Porque todos los fundamentalismos degradan lo humano a una mera cosa entre las cosas. Sin embargo es justo al revés. Es el Misterio que nos habita lo único que nos confiere una dignidad especial, que nos hace adquirir la categoría de "fines en sí mismos", de cuasi-absolutos; y no meras cosas, instrumentos, herramientas. Tomar los medios por los fines, o la parte por el todo, es también una forma de idolatría, de *sinécdoque*.

Por suerte, Lo Real no cabe en la cabeza. Cualquier intento de agotarlo ("esto es todo lo que hay") es un lecho de Procusto que cercena, con una terrible violencia, todo lo que desborde mi dogma o mi cosmovisión favorita.

Por eso, y sin saberlo, los cientificismos materialistas, las ideologías políticas estrechas y los fundamentalismos religiosos son todos primos hermanos. Y por eso, a veces, se odian entre ellos, porque no soportan el espejo que tienen delante.

A lo mejor resulta que, al final, voy a estar encantado de hacer de "Bruno" contra todos los que quieren matar el Misterio y, con él, el alma humana. Ya sea que vistan turbantes, corbatas o batas blancas.

## EL GRAN Y TERRIBLE AFUERA

Mi universo de creencias más o menos prefabricadas se mantenía firme y blandito como un colchón viscoelástico. Hasta que empecé a sentirme fuera, en el gran y terrible Afuera. Lejos del calor humano del grupo y de la protección de papá, Jefe de España.

Aunque mi caso era un poco como el del *Proceso* de Kafka (nunca quedó muy claro cuál era en concreto mi herejía y que tenía que hacer para redimirme), sí que me veía "marcado", ligeramente apestado, como es tradicional en inquisiciones, purgas y cazas de brujas.

El Afuera, la intemperie, las tinieblas exteriores, las tierras baldías, son un espacio frío y oscuro, lleno de aristas. Es decir, un exilio. Y el exilio, como decía Lezama Lima o María Zambrano, es lo contrario a la cárcel. De la cárcel no se puede salir, en el exilio no se puede entrar; siempre una cuestión de fronteras absolutas e infranqueables. Dentro y fuera. Ellos y nosotros. Buenos y malos.

Cuando ya estás ahí, quieras o no, como todos los expatriados, como todos los parias de la historia, solo tienes dos caminos: O te mueres o lo asumes. O tiras para delante o te quedas estancado, hundiéndote en el Pantano de la Tristeza Eterna como Ártax, el caballo de Atreyu.

El destierro también es un lugar de autenticidad radical. Cuando todo a tu alrededor se ha derrumbado y las puertas a tus espaldas están dolorosamente cerradas, el único refugio es la divinidad. Cualquier asidero "relativo" se desvanece. No hay nada que defender ni proteger, ni siquiera tu propia identidad (ya, para qué). Así que tienes que aprender a confiar de nuevo. Tirarte de cabeza al Absoluto.

Es un momento lleno de dolor, pero también de belleza.

Me consuela saber que muchos de los grandes sufíes han sido tachados, condenados, expulsados o, al menos, mirados con recelo por parte de sus respectivas ortodoxias. Curiosamente, las ortodoxias son múltiples y peleadas entre sí (a veces por detalles casi ridículos), mientras que la experiencia del místico, del sufí, es más bien una y universal. Las ortodoxias son cerradas y los místicos abiertos.

Justo lo contrario, por cierto, de lo que defienden esas mismas ortodoxias, que te quieren colar su certeza como la única posible… Para ser "ortodoxo", como en mis sueños, hay que hacerse una pequeña lobotomía, o dejar de asombrarse ante el inefable brillo de las estrellas, para mirar una linterna cutre y dañina.

Hoy en día, las certezas ortodoxas me parecen del *Ali Express*. Por fortuna, siempre habrá preguntas como termitas carcomiendo el sistema. Las preguntas, al contrario que las certezas viscoelásticas, son duras e incómodas. Pero también fecundas. Son las preguntas las que me han ayudado a crecer, a afilar mi pensamiento, aunque a veces se me clavaran como garfios en el corazón.

¿Se puede ser sufí, buscar la perla rosada, el azufre rojo, la joya del corazón, sin pagar la hipoteca de una serie de creencias y de pertenencias grupales que, llegados a este punto, más bien me alienaban que otra cosa? ¿Ser "sufí de grupo" puede llegar a ser el principal impedimento para "ser sufí de verdad"? ¿Hay que renunciar al propio sufismo para darle cumplimiento, para aspirar a la *fana*, a esa nada, a esa aniquilación en la Divinidad, donde se queman todas las identidades, como la polilla que se inmola, enamorada de la llama?

Era el momento de comprobarlo. Ante mí se abría un abismo fértil y vertiginoso, un tiempo nuevo. Era la hora de dar un paso adelante. ¡Dejar de ser sufi… para ser verdaderamente sufí! Cabalgar la paradoja.

Dar un salto de fe.

## COMO UN CONDENADO

Después de este viaje de dolor y soledad, de picar mucha piedra, de atravesar algunos desiertos y de llorar océanos de lágrimas, he ido aceptando que dejar el grupo era lo mejor que podía pasarme. Veamos sus ventajas:

Primera: romper la mecanicidad, salir del patrón instalado y un poco oxidado. Eso siempre ayuda a crecer, aunque duela. O precisamente porque duele: lo que pica, cura (*again*).

Dos: plantearse muy a fondo la propia identidad y la relación con el Misterio, es decir, afinar la sinceridad de mi corazón que, tal vez, sea lo más sufí y lo más espiritual que hay.

Y, *last but not least*: reactivar mi búsqueda vital e intelectual. Gracias a Dios. Aunque nunca dejé de leer y estudiar, ya me veía atrapado en un espacio viciado, en la caja de resonancia de los mismos autores y abordajes.

"La expulsión" me sacó de una comodidad un poco blanda y dogmática (viscoelástica), para espolearme a estudiar como un condenado (que a lo mejor es exactamente lo que era) y a buscar nuevas experiencias con otros grupos y personas.

Todo ello fue ampliando los límites de mi mundo y la capacidad de acogida de mi corazón, llevándome a un nuevo lugar mucho más afín con el plan profundo de mi alma. El exilio es también la libertad.

Ojo, no me cansaré de subrayar mi agradecimiento a la *tariqah* y mi profundo amor y respeto al maestro, Sheij Mehmet, que es, sin ninguna duda, una de las personas más bellas, humildes e iluminadas que conozco. El "problema", en todo caso, lo tuve con dos o tres personas.

Además, insisto, ¿quién y desde qué autoridad puede trazar esa línea y poner el sello (o *naqsh*) en los corazones para decir si están "dentro" o "están fuera"?

¡Estúpidos humanos, si no hay dentro ni fuera!

## SILBANTE, SIBILINA Y SERPENTINA LETRA S

Aunque ciertas interpretaciones míticas (con sabor a verdades oficiales) se me hacían bola, soy el primero en reconocer que una cosmovisión mítica tradicional tiene muchas virtudes, y suele ser mejor que un materialismo o un cientificismo rancio, porque tiene la ventaja de seguir un camino muy marcado, muy concreto y muy probado que puede llevar directamente a una experiencia espiritual. Aunque esa experiencia sea interpretada desde el nivel de conciencia del grupo.

A mí me ha costado mucho darme cuenta de que más estrecho puede significar más intenso. Con la misma presión, el agua sube más rápido por una pajita que por una manguera. Un niño tiene vivencias más intensas que un adulto.

Es decir, se puede tener una experiencia mística genuina y de una gran intensidad, aunque luego sea leída desde una conciencia mítica o infantil. La S que separa la mítica de la mística es una serpiente sibilina.

De hecho, una de las principales ganancias de la modernidad que, como todo, trae buenas y malas noticias, es el descubrimiento de diferentes niveles de conciencia y, por lo tanto, de múltiples hermenéuticas (o interpretaciones) de la experiencia. Ya no hay verdades únicas y cerradas, sino puntos de vista válidos (o no) sobre el Misterio. Ken Wilber, desarrolla muy bien este punto.

Eso sí, a mí, en algún momento, dejó de valerme. Y tengo la osadía de pensar que ahora he encontrado una manera más madura de entender lo espiritual, que ni quita ni pone turbante, ni necesita desestimar nada de lo que viví entonces, excepto tal vez el exclusivismo. Lo Real es grande y complejo y tiene muchos enchufes. Hasta una antena parabólica en el Corazón.

Ibn Arabi, sin ir más lejos, habla directamente del "destete" de los maestros espirituales. Un destete que, siguiendo de nuevo al ex-calvo de California, integra y trasciende lo aprendido sin negarlo, sino resituándolo en una conciencia más amplia.

Por decirlo todo, también hay veces en las que creo que nunca he sido "sufí" (¿quién puede decir eso de sí mismo?). Y, a la vez, creo que nunca he dejado de serlo. La identidad humana es compleja y paradójica.

Menos mal.

## RELIGIÓN CON MASCARILLA

Hace años tuve una paciente seguidora de Peter Chang, que era a la vez taoísta y cristiano.

—Pero no pasa nada —me dijo— porque el cristianismo es una religión y el taoísmo una filosofía.

Quedé perplejo. ¿Qué es entonces "la religión" o "la filosofía"? Pues, claramente, ese tipo de cosas de las que solo se puede tener una.

Si el taoísmo fuera "una religión", ya no podríamos ser cristianos, y si el cristianismo fuera una filosofía, ya no podríamos ser taoístas.

¿Es eso la religión, una vez más, un club de pertenencia única, como la gente que se hace socia del Real Madrid y tiene que "odiar" al Barça o viceversa?

Es raro, porque yo tengo la impresión de que todos los grandes fundadores vinieron más bien a acabar con esa idea de "religión" como una elección de club exclusivo y tribal. Si miramos el mensaje original, si nos despojamos de las capas y capas de interpretaciones (es decir, de "la lasaña de la historia", que tiene bastante carne picada, con perdón), el mensaje original suele ser muy simple: una determinada actitud de entrega y armonía ante el Misterio, una profundización sincera en nosotros mismos y en el servicio a los demás.

Ni Jesús vino a decir que fueras cristiano, ni Buda budista, ni Muhammad, la Paz con todos ellos, quiso inscribirnos en un club o en un partido. Tampoco en una religión.

Además, no hay tradiciones "puras", todas son construcciones históricas (y todas con picadora de carne, insisto) que velan y revelan (al mismo tiempo) la intuición original. Las tradiciones, en su aspecto externo, cambian, se dividen y evolucionan como organismos vivos.

Por eso, siempre me ha chocado que todo el mundo esté tan seguro de que la suya es "la buena", una seguridad que a veces parece más bien un mecanismo de defensa de una identidad precaria que necesita un refuerzo continuo. Además, siempre habrá grandes sabios que apoyen una visión o la contraria. Doctores tiene la iglesia. Y ulemas tiene la Ummah. O como decía Wilber, no hay estupidez humana que no tenga sus representantes destacados.

Esta idea está muy bien pillada en un capítulo de la magnífica teleserie *South Park*, en el que vemos una enorme cola de almas (budistas, cristianas, musulmanas…) que van directas al infierno, todas muy cabreadas porque han practicado correctamente sus respectivas religiones, hasta que una especie de funcionario del infierno, oyendo sus quejas, les dice:

—Mormones. Esa era la buena.

Y la cámara se mueve hacia arriba, al cielo, donde vemos un montón de americanos modernos con traje y corbata tocando la guitarra en un jardín con globos, limonada y banderitas.

Está claro que la cosa no puede ser así. Por eso, desde la pandemia, digo que tengo el concepto mismo de "religión" en cuarentena y con mascarilla. Por mucho que lo he intentado, no puedo (o, tal vez, no quiero) sentirme perteneciente exclusivamente a algo que no soy capaz ni siquiera de definir. Es que no me sale.

Prefiero, en la humilde medida de mi comprensión, ampliar mi alma hasta que mi corazón sea capaz de todas las formas. Es decir, armonizarme con la ultimidad o con el Misterio. O al menos intentarlo.

Otra cosa es entender la religión, en un sentido serio, como *re-ligación*, vuelta a la unidad, o como *re-legere*, una segunda lectura profunda, hermenéutica, de lo Real. Pero entonces, y una vez más, deja de ser un objeto exclusivo, del que solo puedo tener uno, para convertirse en algo mucho más profundo, complejo e interesante. Eso sí que sí.

Yo, por mi parte, ya no quiero pertenecer a "la religión verdadera", con carnet y sello de autenticidad, sino ser solo una pobre criatura en busca de su Señor. O como dice Mardía: una metáfora de lo divino en camino.

Amo y respeto todas las religiones, ¡y practico varias de ellas! Lo que no sé si me convierte en el mejor devoto o en el peor de los herejes. O, a lo mejor, en las dos cosas (como casi todos nosotros, me temo, cada uno a su manera).

Lo expresaré de una forma más filosófica. Cualquier religión entendida como medio para ser mejor persona, para acercarme a Dios y profundizar en mi Corazón es más que bienvenida. Pero si la religión se entiende como el fin en sí mismo y uno "se salva" por la pertenencia formal a un grupo más o menos proselitista, o por la realización de unas prácticas excluyentes, entonces la religión ocupa el lugar del Dios y se convierte en su contrario, en una *sinécdoque*, en una idolatría que mata el Misterio.

La religión como medio (como "parte") es una medicina. Pero como fin en sí mismo (ocupando el lugar de la totalidad) es un veneno que, paradójicamente, puede matar el alma en nombre de su salvación, una "religio-latría".

Yo, como os vengo diciendo, he aprendido a amar todas las manifestaciones de la espiritualidad humana. No puedo renunciar a ninguna ni aunque quiera. Y os prometo que lo he intentado, por activa y por pasiva. Pero, como dice el popular grafiti, ya no tengo fuerzas para rendirme. O para renunciar a la belleza de ninguna de las tradiciones que he ido conociendo, amando y practicando en mi vida.

Amén.

## CÓMO VOLVER A SER SUFÍ Y REVIVIR EN EL INTENTO

No puedo acabar el libro sin decir que ahora estoy conociendo nuevas formas de sufismo diferentes al anterior, casi opuestas en algunos aspectos, y no por ello menos sabrosas o auténticas.

El sufismo es infinito y no siempre tiene que ser "religioso", ni siquiera "islámico", en el sentido habitual, sustantivado, de este término. A no ser, en todo caso, que entendamos *islam* no como una religión sino como una actitud, como un verbo (lo que es más cercano a su sentido original), que tiene más que ver con *armonizarse con Lo Real* que con un juego de dogmas, prohibiciones y creencias manufacturadas.

El sufismo también es una mística universal. Como en todas las formas místicas, hay que acabar entregándose por completo, diluyendo todas las identidades personales, como la polilla que se inmola en la llama, para llegar a la *fana*, el anonadamiento en la divinidad. Las identidades religiosas y grupales cerradas, creo yo, son de las primeras polillas que hay que quemar.

El tiempo de los exclusivismos ha acabado. Yo lo descubrí, hace mucho, bajo el manto de un maestro espiritual turco y sufí que era a la vez musulmán y universal. Como todos los hijos de esta tierra, tenía una carga cultural y epocal que a veces había que pasar por alto (sobre todo en sus discursos públicos). Pero a la vez, e innegablemente, había trascendido su personalidad (o su ego-centramiento), más allá de lo que soy capaz de comprender.

La conexión interior no depende de pertenencias ni formalismos estrechos, sino que abarca la realidad entera. El Corazón de Mawlana estaba disuelto en los ilimitados océanos del amor divino. Si no, no sería un maestro.

También debo decir que las mejores cosas de mi vida las he podido vivir directamente gracias a él, a Mawlana Sheij Nazim (*qas*): me "curé" de mi neurosis y de mis adicciones, me centré en la vida, empecé a tener una experiencia interior concreta a través de "la ciencia de los estados" del sufismo, me casé, tuve hijos, descubrí nuevas vocaciones (como el canal de *YouTube* que él mismo nos sugirió), empecé a escribir en serio, a intentar ayudar a los pacientes, a construir mi propio sistema de ideas y un largo etcétera.

Nada de eso habría ocurrido sin la luz ni la guía del maestro y de la *tariqah Naqshbandi-Haqqani*. Justo es reconocerlo, aunque ahora me toque vivir el complejo, fértil y bello tiempo de un destete que me lleva a la vez a "dejar de ser sufí" y a "ser más sufí que nunca", en esa aparente paradoja en la que siempre se mueve el camino místico y espiritual.

Hay un secreto que aún no he revelado y no sé si relataré algún día. Pero el sufismo no acaba, para mí, en esta crisis sino que continúa de una manera muy distinta.

Es como si me hubieran echado de un club de ajedrez, para ampliar el tablero y descubrir el *Quaternity* (un juego más grande, más complejo y para más jugadores).

Nos vemos en una próxima obra (y aún no sé si es broma): *Cómo volver a ser sufí y revivir en el intento.*

Mientras tanto, me retiro a mi media horita diaria de contemplación, a respirar los nombres divinos. Anímate a venir conmigo. Siéntate y siéntete. Acopla el *Uno* al ritmo de tu respiración, pon la atención al Corazón y la intención de disolverte en el Amor divino, invoca a todos los maestros de la gran tradición espiritual humana (si son verdaderos, todos son Uno) y observa, atentamente, a ver qué pasa…

…*ya* (inspiración) *Ahad* (espiración), *ya* (inspiración) *Ahad* (espiración), *ya* (inspiración) *Ahad* (espiración)…

*WAL HAMDULIL-LAH.*